ソリューション・バンク

ブリーフセラピーの哲学と新展開

長谷川啓三 著

金子書房

目次

序章　ソリューション・バンクとは

ソリューション・バンク（Solution-Bank™）とは、いじめや不登校など子どもたちの問題解決のため、心理学者や医師、カウンセラー、教師たちによる「問題解決事例のネットワークデータベース」である。ベースとなっている「ブリーフセラピー」は一九八六年に、筆者らによってわが国へ初めて紹介されたアプローチであるが、ソリューション・バンクはその後の私たちの研究の中でも最も重要な発展のひとつであるといえよう。

ともかくまずは、ソリューション・バンクの中にある事例のひとつを紹介しよう。

インターネットで公開されているソリューション・バンクを見てまねをしてやってみました。わたくしどもの中学生になる息子も、ときどき家族に暴言を吐いたり物を壊したりします。そんなとき、いつも決まって目がつりあがったようになります。ある日落ち着いているときになぜ暴れるのかを聞いてみました。同じように息子も「わからない」というのです。

そこで「ならお母さんが教えてあげる」といい、目をつりあがりそうなときに「それそこ」と指摘するようにしました。子どもは「ばからしい」といって物を壊すことをしなくなりました。

問題が起きると、それを必要以上に過大視し、ひらすら原因探しをしてしまうのは、自然な心理である。「私の育て方が間違っていたのかしら」とか「お父さんが何も言ってくれないから、ああなった」などと。だが、原因探しをやめて、アプローチのしかたを変えてみるだけで、この事例のように意外と解決の糸口が見つかるものだ。ブリーフセラピーの基本であるといえよう。

ソリューション・バンクの発端

筆者らがソリューション・バンクという活動を始めるきっかけとなったのは、O君という利発で友人思いの中学二年生が、いじめにあい遺書を残して自死したことだった。それも両親は解決へ向けて精一杯の努力をした果ての自死であった。

父親が相手方の家族に抗議したが、相手方は「子ども同士の問題に親が出るなんて」と相手にしなかった。見かねた母がクラス担任に相談。教師は「子ども同士の仲をよくすればいいだろう」と考えて、O君をこのいじめっこグループに再度入れた。そしてO君はどうしようもなく、というよりは解決の一方法として自身を犠牲に自死の道を選んだ（とも考えられる）。

この遺書がマスコミを通じて大きく報道された。すると各地で同様の状態におかれていた子どもたちが遺書を書いて自死することを「まね」、自死が「連鎖」した。ある教育団体は報道を自粛すべしとアピールを出した。

「実験」はこのような時期に行われた。NHKのある地方局のテレビスタジオでである。視聴者が多く放送のゴールデンタイムと呼ばれている午後八時台である。「報道特別番組・いじめ」。スタジオ内に電話とファクスを約一〇台持ち込み、その地方でもあったいじめに関する遺書、自殺を報道しようとした。「うちでもこんないじめがあります」という情報をリアルタイムで視聴者から得ることで問題の深刻さと緊急性を出そうとしていたように筆者は感じた。私たちの言語でいえば、いわば「悲惨な問題」を集めることで訴えようとしていたのである。

専門家としての参加者のひとりである筆者は事前に番組の制作者と大いに議論をした。「問題を集める」のとは反対のスタイルで番組をつくろうと提案した。以下のような提案である。

① 良循環を生起すること。問題ではなく、いじめの解決事例を報道し、その連鎖、つまり「いい解決の連鎖」がつづいていくような番組をつくりたい。

② そのために二週間前から他の番組でもテロップを流す。「いじめ解決事例をお知らせください」と。

③　問題事例でなく集まった解決事例の分析をし、それをさらに報道する。つまり徹底して解決を志向する番組である。

さて、ここで一番の心配はそもそも解決事例が集まるかどうかであった。面接室では「例外」は出てくる。例外とは短期療法／ブリーフセラピーの重要概念のひとつで、以下の章でたびたびとりあげることになると思うが、ここでは次のように簡単に説明しておきたい。

それは、どんな深刻な問題状況でも、大抵は「問題が起きていないときや、それが軽度のとき、また問題が解決している瞬間が見つかるものである」という短期療法／ブリーフセラピストの一種の「信念」のようなものであると。

私たちは一九八六年以来の「例外」に基づく短期療法／ブリーフセラピーの経験がある。しかし、テレビというメディアで、それも比較的短時間のうちにその例外が集まるものかどうか——。

「私もいじめにあっています」といった「問題」は集まるだろう。現在の日本のテレビ番組、たとえば昼間の主婦向け番組は家族問題や事件等をとりあげて、それで番組づくりをして視聴率を得ているようにもみえる。目的は解決よりもたぶん、古典的なカタルシスである。あるいは高い視聴率自体。そんな番組に慣れっこになっている視聴者に、そもそも私たちの意図が通じるだろうか。そして万が一、ねらい通りに解決事例が集まったとして一例二例といった程度の量だろうか。そんな量でも私たちには大きな「例外」である。しかしテレビ番組としては成功とはいえない等々、不安はつのる。

あきらかに、これは最初に考えたよりも大きなシステムを相手にした一種の社会心理学的実験の企画になっていた。

一九九七年、ＮＨＫでの「社会心理学的実験」

さて結果は、二五〇近い事例の報告があった。うち二五例が解決事例であった。全体の一〇％である。

「担任ではなく教頭先生に話したらよい結果だった」
「一人でなく応援してくれる友だちと二人で先生に話したらうまくいった」
「クラス会でとりあげてもらった」
「テレビを見て勇気づけられた」等々。

局としては大成功だと喜んでくれた。新しい報道番組の方法だとも。もっと興味深いのはこの番組を見ていた他の複数のメディアの責任者が「うちでもやりたい」といってきたことである。解決が連鎖している。それも社会的規模で。

もちろん、寄せられた事例はそのままでは汎用性のあるものではない。しかし解決事例が存在するということを知ることがまずは重要なのである。そこから始まるのである。解決事例の集積と一般化、そしてある意味でのその「戦略的な」公開が、ともすれば出口なしにも見える青少年問題、たとえば少年法の改正といった「最終解決」へのオルターナティブになるかもしれないのである。せっかく決めた法の改正がまた「偽の解決」になり悪循環を生むとしたら——。筆者らには、ソリューション・バンクという発想はもっともっと社会的に活用されるべきだと思われてしかたがない。

さて、私たちはこのNHKでの経験を現在も生かしている。つまりその後、新聞メディア媒介に、いじめをはじめ、不登校、非行、家庭内暴力等の解決事例を示す活動を現在も遂行している。最初示した事例はそのようにして寄せられたもののひとつである。

私たちはこの活動を『ソリューション・バンク（解決銀行）』と名づけ、海外の研究機関ともリンクを張っている私たちのホームページ（http://www. solution. gr. jp）でその一部を公開してきた。新聞については、毎週一回の事例掲載を紹介してもう八年。たくさんの事例を集積するまでになった。本書はいわばその最初の理念と原理を示す第一巻でもある。

現在も、筆者らは、心理学者、医師、カウンセラー、教師らと協力して、いじめや不登校の解決事例を集め、それらを問題解決事例として紹介している。本書はそれらの活動の集大成のひとつとして、解決事例の数々を読者の皆さまに紹介しつつ、ブリーフセラピーの概容とこれからの流れを示すことを目的としている。

ソリューション・バンクを通して、親と教師が、また親同士が「そっちの責任だ」「いやそっちの責任だ」などといがみ合うことなく、手をつないで問題を解決していくことを望むものである。

第1章

「指パッチン」で家庭内暴力が解決する

――ソリューション・バンクの原理

ソリューション・バンクの原理㈠
――解決志向の言語学

事例1　いじめていない人に丸をつけて

女子生徒が「みんなが私を無視する」と訴える。そこで、ブリーフセラピーを学んでいるA教諭は、彼女を落ち着かせた後に、彼女のクラスの名簿と赤鉛筆を用意して、「あなたをいじめていない友だちに丸をつけよう」と伝えた。印をつけ始めると、多くは彼女をいじめていないことがわかってきたのか、自分で教室へ戻っていった。

こんなとき、教師の多くはいじめの有無、いじめっこの特定にやっきになる。後述するが標準的な解決志向ブリーフセラピーの方法で解決を探るにしても、本人がいじめられていないときを言語的に探ることが多い。つまり言語で例外を探し、観察した例外の報告も言語で受けることが多い。いわゆるソリューション・トークである。

私たちは「例外」の入手について、かなり多くの場合に、Talk よりもその Non-verbal な探り方が年齢を問わず有効なことを主張したい。事例1の問題の解決はあっけなかった。彼女が属するクラスの名簿を示し、いじめていない人を赤鉛筆で大きく丸をつけさせた。大きな丸が五つもつこうとした時点で彼女は自分でクラスへ戻っていった。

大きく丸をつけるという介入。Talk よりも visible な作業と介入。担任が遂行したことは、子どもを真摯に迎え、次に名簿と赤鉛筆を渡し、丸をつけさせただけである。この場合、非言語そのものではなく非言語的な「作業」をすることが重要なポイントであると主張したい。流行の「社会構成主義」が主張する、「現実は社会的に構成される」という主張は、間違いではないが少しばかり単純にすぎる。そうではなく、心理学者の領域で構成主義を唱えたジャン・ピアジェが主張するように、当該者の行為——それは必ずしも一〇〇%社会的なものとはいえない、生物学的な側面を無視できない——を通して構成される。

私たちは心理療法の主要な道具は広義の「言語」と考えることができると思っている。アプローチの違いはその語彙と文法の違いに還元できるとも考えている。それらの言語を使用して来談者の新たな「自己組織性」を促進する仕事だと考えている。短期療法にもまた短期療法の語彙と文法がある。事例1は解決志向派の語彙と文法によって得られた解決である。この派の言語の使用法についてはスティーブ・ド・シェーザーが、たとえば精神分析のラカン派を反面教師として理論的な整理を試みている。

言語で問題行動を変える、なぜそんなことが可能なのかというと、それが短期療法の出発点になった二重拘束理論の最大の主張点である「言語による行動の拘束」に由来するからである。これはきわめて重要で後に詳述する。

さて、次は私たちのソリューション・バンクに集積され公開されている事例のうち、非言語による、それも専門家ではなく家族が解決したものを二つ示したいと思う。

事例2　閉じこもり気味で、昼夜逆転型の生活を変えられない不登校の高一男子

無力感にとらわれた母親が話しかけても、イライラした表情で無視するだけだった。小さなころのすてきな笑顔を思い出した母親は、無視されようと笑顔で少しだけ冗談ぽく話しかけるようこころがけた。いつしか息子の表情も和らぎ、笑顔でこたえるようになった。やがて昼夜逆転と閉じこもりも改善していった。

成功のポイントは以前に子どもが見せていた笑顔、この非言語を「例外」として活用する。それも「少しだけ」。

事例3　親に反抗して半年以上口をきかず、最低限のことを身ぶり手ぶり、筆談で伝えるA君

お母さんも一緒に身ぶり手ぶりで話し出すと、今までの険悪なムードが一変し、堰《せき》を切ったように話し始めた。

相手のコミュニケーションに乗る、笑いが起きる、しこりが解ける。ものの見事にコミュニケーションに良い循環が戻った事例である。

筆者らは現在、上述の「言語による行動の相互拘束」という意味で、コミュニケーションというものを「言語―非言語の軸」と「トピック―マネジメントの軸」という二軸で説明をするのが有効だと考えている。援助にはコミュニケーションの全体ではなく「非言語でかつマネジメント」にかかわる象限に含まれるであろう言語を使用すればいいのだと考えている。

ソリューション・バンクの原理㈡
——非言語の語用論

二つのシステム

事例4　父親からの不満

いつも無視される。家での会話はいつも私、つまり父親抜き。母子の会話に入れない。「私が一番稼いでいるのに。別に入れなくてもいいが、残念な気持ちがする」と訴える。娘の始まったばかりの「非行」に関連する問題での夫婦同席面接の場面で明らかになった話題である。

娘が思春期から青年後期にかけて父親と接しなくなることはよくある。妻が仲をとりもってくれるが、ときに娘と直接話したいと、酒の勢いで話しかける。が、酒の匂いをいち早く察した娘に嫌われる。悪循環である。

家での会話は、父からすると母と娘で「ママかまびすしいこと」。父は会話に入ろうとすると、決まって咳払いをする。ゴホン。これで、さっと母子の会話は中断するが、話を始めると決まって母が軽蔑したような視線を娘に送る。すると娘は父の話を無視し始める。この「相互拘束」もしくは「行動連鎖」の過程は、ほとんど無意識のうちに遂行される。母子の会話は、子どもの問題を「理由」として最近はやや減ったが、それでもその会話は、父からすると「かまびすしい」のである。

そこで、ゴホンをやめてもらった。

介入

「ゴホン」の代わりに、小声で「お母さん」と呼びかけてもらう。

「『ゲホッ、ゴホン、エヘンなど中年男性は音が多い』という女性研究者もいますが……」と、ユーモアで介入を切り出す。「年ごろの娘さんには好まれないようです。話に入るときには奥さんの名前を小声でやさしく呼んでみませんか」と介入した。もちろん、父ひとりにしてそう勧めた。娘の非行のことにはとくに触れずに、介入は、ほぼこれだけであった。

一か月後の面接で、すでに改善が見られた。「何か、妻がやさしくなった。娘とも話せた」と。

一か月一回、娘の非行についても四回の面接で成功裏に終結した。

ここでの介入は父だけである。よーく見ると母の笑いを含んだ一瞥《いちべつ》が引き金になっている。だから問題は決して父と娘の問題ではない、むしろ母を含めた三者の問題であるが、そのことに多くは触れない。そしてがんばってもらうのは父のみである。ユーモラスに介入を開始する。このような介入は次のようにガイドライン化できる。「どこからでもいい。問題をめぐる家族の相互拘束に入りやすいところから小さく入る。可能ならユーモアを駆使して」と。

もうひとつ事例を示して援助の原理を考察したい。次は中学校での事例である。「いじめ」である。

事例5　靴の中にいやがらせの手紙を入れられる中学生

靴の中に「死ね」「臭い」「学校やめろ」云々と手紙が入っている。ときに靴を隠されることもある。

そこで教師の靴箱としばらくの間、交換した。そして元へ戻す——するとこの行動はやみ、他のいじめも起きなくなった。

いったいこれはどういうことなのだろうか。先の事例4と合わせて考えてみたい。

語用論／ブリーフセラピーの原理

二つの事例を比較すると次のような特色が浮かび上がる。

(1) ともに非言語をめぐる介入である。事例4では母の一瞥と父のゴホンへの介入。事例5は靴箱の交換。とくに後者は援助のために最小限の「ことば」ですませている。

(2) ともに犯人捜しをしない。事例4では、父よりも母が、じつは「クサイ」。しかし介入は改善への動機づけが高い父へのそれで成功をみている。母にはとくに「おとがめなし」である。

(3) 問題を直接扱わない場合もある。事例4がそうである。娘の非行にはほとんど直接には触れずに、むしろ父も入った「楽しい会話」の時間をもつ条件を整えただけである。

右記のうち、非言語による介入という特色を強調しておきたい。一九八六年に導入されたそれの、わが国でのブリーフセラピーの発展の特色はこの点がひとつである。とくに欧米の文化圏と比較したときに、彼らがいやというほど「言語」および「言語化」にこだわることがわかる。最近のナラティブ（物語論的）・アプローチにしても、ソリューション・フォーカスト（解決志向的）アプローチにしても、その「物語」の、あるいは「例外」の言語化からセラピーを開始する。日本の私たちはむしろ言語化しない方向ですすめてきた。

ワンポイント

短期療法／ブリーフセラピーは、一九六〇年代に米国で生まれるが、そのそもそもの出発点になったＭＲＩ（メンタル・リサーチ・インスティチュート）のアプローチの背景には、むしろ圧倒的にこの方面、つまり非言語コミュニケーションの基礎研究が多く存在するのである。なぜなら家庭内のコミュニケーションは、善し悪しはともかく、ほとんどが非言語で交わされるのである。近代的な家族にとって言語が決定的に重要であることは否めないが、その場合も非言語にいわば「裏打ち」されて成立している。そんなコミュニケーションのあり方に「乗っかっ」て、そのまま非言語で介入をするのがブリーフ／短期な道なのである。短期療法が「ポストモダン」つまり「後近代的」な心理療法と呼ばれる理由のひとつがそれである。

日本の私たちはそれらの基礎研究群に忠実に応用としてのセラピーを展開してきた。筆者らは海外でもワークショップを遂行することがあるが、日本の私たちが最もポストモダンなブリーフ・セラピストかもしれないと感じることがある。
熱心な若手の臨床家がポストモダンな心理療法を西洋のそれに求めているが、わが国の文化の根幹がどうもポストモダン的なのだ。それは土方巽が始めた「舞踏」の歴史に象徴的である。ここ一五年ほどのわが国でのダンスブームの中で目覚めた若手ダンサーが西洋にポストモダンダンスを学びに行くが、実際には反対に西洋人がとっくに日本に学んでいるのである。二〇〇〇年に翻訳されたド・シェーザーの『解決志向の言語学』の表紙には、東洋の達磨の絵がシンボリックに掲げられている。ポストモダンダンスやヌーベルダンスは日本の舞踏の影響を否定できない。今をときめくフランクフルトバレエ団の芸術監督で振り付け家のウイリアム・フォーサイスのCD－ROMを見られるといい。彼は「インプロビゼイション・テクノロジー」と命名された即興のための基礎的なダンスの「パ」を公開している。CDによる公開も今後のダンスのあり方に一石を投じており、時代をリードする先端ダンサーのひとりであるが、その最も先端的な振り付け家の近作を見て、butoh／舞踏の影響を全否定して見終われる人はまずいないだろう。

さて以下に援助の「原理」を示すためにもう一例示そう。わかりやすくするために非言語ではなく言語による同様の介入である。読者の理解を容易にするだろう。

事例6　ことごとく反抗する少年

今ここに、大人に、たとえば親の言うことに、ことごとく反抗する少年がいるとする。親が言うことをきかせようと思って言えば言うほど、そのいちいちに反抗するのである。親の言いつけは、まるで反抗の材料を与えているようなものである。

さて、ここで両親をして「もっと反抗しろ！」という内容の命令を出させるとする。言外の態度も一致させて、そう言うのである。年齢が低いほど、たいてい、反抗をやめることになる――なぜだろう？

先の命令が子どもの耳に届いた以上、この命令にも反抗すれば、反抗をやめることになるし、さらに反抗をつづける、もしくは強めるとしたら、命令に「従った」ことになる。どちらにしても親側の思うつぼである。

これはブリーフセラピーの中心的な技法のひとつで、ややセンセーショナルに「パラドキシカル・アプローチ」と呼ばれているが、正確には「対抗パラドックス」もしくは狭義の「治療的二重拘束」と呼ぶべきものである。

ここでは逆説的な言動に目が奪われがちだが、大事なことは「言語による行動の拘束」という現象である。それは「コミュニケーションの語用論的研究」と呼ばれる基礎的な研究領域の成果である。ここを理解するとナラティブや解決志向といったさまざまな流派と技法を超えて、そのいちいちにとらわれずに、ブリーフセラピーがいわば自在にやれるようになる。

ソリューション・バンクの原理(三)
——コミュニケーションとは何でないのか?

さて、先ほどあげた二つの事例につづいて、以下の問題を考えてみたい。家族の問題とも深く関係している。

事例7 質問に答えない少年

少年の施設に複数回再来している少年で関係者の質問にも答えてくれない。質問者は彼に「なめられている」という印象をもつが、まず信頼関係をきずくべきと考え、なんとか少年の心を開くように努力してきた。なんと言われようと、暴言をはかれようと、これまでは誠意を込めて、受容・傾聴的態度に徹してきた。でもうまくいかない。

以下が実際の介入であるが、類例の成功率は少なくない。日本での私たちのこの一五年ほどの経験からいってその先端的な介入と共通部分がある。

介入

座る椅子を変えた。ふつう質問者、たとえば教官の座る椅子は少し立派で大きい。少年が座る椅子は小さくて粗末である。そこで、少年に、教官の椅子を使うように勧めた。少年がいやがっても、なんとか理屈をつけて、あるいは最初から用意して勧めた。少年は再三椅子を元に戻してくれと望むので、とうとうゆずった。するとそれから従順に質問に答えるようになった。

このようなアプローチが生まれるには、じつは地道な基礎研究がある。ブリーフセラピーが生まれるまでに、膨大な調査、実験そして観察の積み重ねがあったのである。MRIというD・ジャクソンとG・ベイトソンとが中心になって開いた米国西海岸の家族研究のメッカでである。第二次世界大戦後すぐのことだ。そこで世にコミュニケーション理論と呼ばれる「革命的」な考えかたが生まれたのである。それは、当時まだ形成途上にあったシステム理論と情報理論、そしてサイバネティックスとが手をたずさえる形で生まれた。

いま人物Aがコミュニケーションのある流れの中でBに対して「ばかっ」と言ったとしよう。

表 ことばによる行動の拘束と言語の拡張

言 語――――(拘 束)――――	行 動
「バカ」	なによ!
ベー! と舌出し	「ちくしょう!」
ミロの抽象絵画	軽く明るい気分
ドビュッシー「月の光」	なんともいえない落ち着いた気分
げんこを振り上げる	防御反応
シャネルの香水	(男性ならひょっとすると)エッチな連想
イタリアンファッションを着る	気取って歩き出す
「アンチェインド・メロディ」	哀しいが、ロマンチックな感情
夏の大海原	ゆったりした気分と行動
ゴシックの教会建築	崇高な気高い感情

Bとしては文字通りに解読(デ・コード)する以上、カーッと頭にくるか、反対にシュンとするか、もしくはその中間の反応をすることになるだろう。ここで突然「踊り出す」という反応をすることはむずかしい。反応の選択の幅が制限されたのである。もしも、このAの「ばかっ」というメッセージがなければ、どんな反応をしようとかまわないのである。これを「メッセージによる行動の拘束」という。MRIのP・ワツラウイックは次のように一般化している。

「任意のメッセージはその受け手の反応の選択幅を制限する」。

この場合、あるメッセージが一対一対応的に、つまり決定的に受信者の反応を決めるものではない。確率的に制限するのである。2ある反応選択幅を1にするメッセージの量を「1ビット」と情報理論では定義するのを、コンピュータを使う読者なら知っているだろう。それとまったく同様の使いかたである。二重拘束理論という家族研究の重要な考えかたが、それを最初に示した。従来の「関係」の理論や行動論、認知論とは一味違う「情報」の理論である。慣れてくるとその差異は一味も二味もあることが実感できる。あるいは従来の理論をメタに含み込むような理論である。ブリーフセラピーはこの考えを決定的な出発地点として生まれたのである。

このような言語と行動の関係を扱う分野を言語学の分類を借りて、私たちは「語用論」の分野と名づけた。一種の比喩である。もちろん比喩以上の領域にしたいという野心はもっている。なお、ここでは語用論とは、広義の言語と行動の関係について研究する分野としたい。

有効な援助を考えるために

さて次の問題はどう解かれるだろうか。以下は「循環図」と呼ばれる、問題と解決の間の繰り返される行動の連鎖を示している。とても便利な事例記述の方法のひとつである。いちいちの事例記載を読むよりも簡潔に問題と家族の解決努力を知ることができる。家族援助の領域で工夫された事例記述の一方法である。

事例８　不登校の兄（中学生）による弟への家庭内暴力

→兄：弟へ暴力をふるう

←母：「やめなさい」

←兄：ますます暴力がエスカレート

←父：弟に「あやまっておいて二階へ逃げろ」と目で合図

←弟：二階へ逃げる。兄はそれ以上は追いかけない。

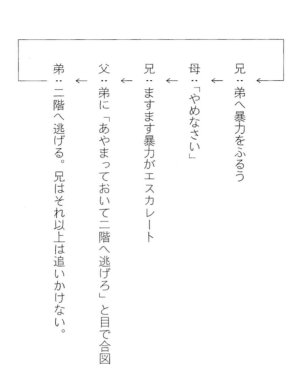

記述の任意の列は、その次の列の行動を「拘束」すると読んでいく。たとえば母の「やめなさい」は、ますます兄の暴力をエスカレートするように「拘束」する。詳細はもっと複雑であろうが、どうもそのように拘束するのである。「やめなさい」といわれて「やめる」ようには兄を拘束しないのである。そしてこの「エスカレーション」が父をして弟に非言語で「二階へ逃げろ」と合図をするように「拘束」するのである。そして、後は同様に拘束が連鎖してゆく。

さてこのケースの実際の介入は、今まで家族のとってきた解決の方針を反対にすることであった。

介入

繰り返される循環を阻止することで、新たな家族システムの自己組織化を促進した。介入の要点は、弟がセラピストにかつて「ぼくも暴れたい」と訴えたのを一部分、支持したのだ。つまり、「弟が兄もおどろくような暴言と暴力を人以外の物に対してふるう」であった。この場合、すでにかつて弟が暴れたことがあって、そのときは、兄がおとなしかったという「例外」の存在を確認していた。このような安全を配慮しての介入であることはいうまでもない。介入の実行以降、暴力の他に母への暴言も激減する、そして兄は家族の話しかけに応えるようになった。ちなみに治療目標は長い不登校の改善よりも「子どもが、いったい何を考えているのか不明なので、なにしろ話し合えるようになりたい」であった。

相互拘束

ブリーフセラピーの出発時に、事例8のような図による説明がよく行われた。それを「行動連鎖／ビヘイビア・チェイン」と称して。しかしこの呼称が実は誤解を与えた。それが行動療法の一種であるかのように連想させたのである。家族成員の間でのお互いの強化随伴性の連続のように。

しかし実際には、説明したように「相互拘束」というのが、より正しい。それは家族内で主に非言語とそして言語、それも同時に多チャンネルで交わされるメッセージによる相互拘束であると。援助者（セラピスト）もまたこの言語のもつ行動の拘束という力を道具にいわば自らも含めて再拘束をしてゆくのである。

当時ＭＲＩにいて「二重拘束理論」の著者のひとりでもあるジェイ・ヘイリーらが最初に「行動連鎖」と説明した。しかしそれは当時の行動科学全盛の文脈を考慮して、できるだけ、いわば知的大衆にわかりやすく説明しようとした呼称である。わが国における、筆者らのこのアプローチのこれまでの教授経験では、むしろ筆者らの言いかたで「相互拘束」と説明したほうが熟練した援助者を生む。知的な理解にやや柔軟さを要するが、そのほうが結局、柔軟な援助者（セラピスト）を育てるようだ。そんなセラピストも生まれている。

ソリューション・バンクの原理㈣
――ペットの語用論

事例9　小学校高学年の男子の不登校

父親は子どもの教育は妻にまかせきりで家族の中ではあまり目立たないし、父と母と子どもの合同面接でも影がうすい。面接では母がひとりでしゃべっているし、家でもいっさいをきりもりしているように見える。あるみかたでは、とても頼もしい母親である。

さてこの母親は、この子どものためと思って捨て犬を拾ってきた。で、母が拾ってきた犬を飼っていた。ところが最初は喜んだ子どもも、最近は犬にあまりかまわなくなり、また閉じこもり気味になってきた。

介入

父親の地位を家族内で確立することに関係して、この犬に大活躍をしてもらった。

父がこの犬を再び自然に返すことを夕食時、家族の前で強く宣言してもらうことにした。母は反対した。しかしその母の反対よりも「断然強く」、父が捨てることを宣言した。母は折れた。捨てる役は母と子どもに決まった。このとき、庭にいた「太郎」は悲しそうに吠えたという。

翌朝、子どもはふたたび犬の世話をはじめた。その日の夕食時、父は「様子を見ることにする」と、さらに力強く宣言した。太郎も声をあげしっぽを大いに振ってよろこんだ（かどうかは？だが）。

その父が二学期の始まるころ、「先生には了解をとってあるから」といい、子どもに「太郎を連れての登校」を勧めてみた。

さて始業式から子どもは再登校を始めた。ひとりで。下校して、さっそく太郎を散歩に連れ出したのはいうまでもない。

類似のケースでペットを使用すること（ユーティライズ）が有効なことを経験している。ここでは父親の地位を家族内で確立することに、太郎に大活躍をしてもらった。不登校の子どもが犬などを友だちにしたがったり、親としてもペットを通して少しでもこころを他へ開いてくれればと思うのはよく見られることである。

一般に家庭で飼われているペットは家族のコミュニケーション、それも家族の非言語的なコミュニケーションの「要」になっていることが私たちの研究でも確かめられている。ペットを相手に「迂回的な家族内コミュニケーション」が見られるわけである。学校から帰ってきたばかりの子どもがカバンを部屋に投げ出すや太郎の背中を撫で、その太郎に帰宅した父が話しかける。母が散歩につれてってーと子どもに頼む。子どもが太郎と一緒にワンとこたえる——といった母を中心に置いた放射状のコミュニケーションのパターンが観察されるかもしれない。私たちはこの迂回的なコミュニケーションにS・ミニューチンふうに「直面化」させるよりも、たいていの場合、むしろ「さらに迂回的」に利用する。

哺乳類のコミュニケーション

ブリーフセラピーの開発に間接的にかかわることになったG・ベイトソンは動物のコミュニケーションについてよく研究をしている。そこでの発見は哺乳類になると「メタ・コミュニケーション」がふつうに行われることを見いだしている。犬は喧嘩のときに相手の首などを強く噛むわけだが、ある場合には、その同じ噛む動作に加えて「これは遊びだよ」とメタ（上位）に伝えるような多元的で高度なコミュニケーションをしているように見える。

人間の場合、辛辣なことを親しい人に告げる場合がある。しかし、「これはジョークだよ」、あるいは「本音ではないよ」と同時に表情やしぐさで伝えることもできる。人間だけと思われがちなユーモアの構造をその原初的な姿ではあるが、すでに犬のレベルでは進化させているのではないかと主張している。

有名になったのはイルカのコミュニケーションの研究である。ベイトソンらはかなりの時間をかけて「イルカ・コミュニケーション」研究のプロジェクトにかかわっている。イルカがかなり高度なコミュニケーションの形態を示すことは近年、知られるようになってきたが、ベイトソンはその研究の先駆者なのである。二重拘束理論の提出によって結果的にブリーフセラピーの間接的なリード役をしたともいえるベイトソンは、じつはイルカを含むコミュニケーションの一般理論を目指した研究者なのである。

さて先ほどの事例9は、残念ながらペット自身のそんなコミュニケーション能力を活用／ユーティライズしたものではまったくない。むしろ犬が人間とはことばで伝え合えないのをいいことに、人間のコミュニケーションに「利用した」にすぎない。しかし、ひょっとすると太郎はお見通しだったのかもしれない。少なくとも自分が飼い主の家族に役立てたことをうれしく思っているにちがいない。そしてなにより私たち人間も太郎と同じ哺乳類の一員なのである。

筆者らの研究室で遂行されている基礎研究の柱のひとつは、こんなコミュニケーションの語用論的な分野のものである。そんな基礎研究の上に応用としての新しいセラピーを工夫しようとしている。最近は日本語の特性を活用した短期療法を工夫している。できるだけ当の家族に負担をかけないで援助したい。そして可能なら私たち援助者側も問題の深刻さに落ち込んでしまうのは避けたい。それを合言葉で「In Brief／ブリーフに！」とひとことで示している。同じ意図で、以下のごとく標語にもしている。

「真剣はいい、深刻はいけない」。

小さく解く！

事例10　野球をやっている少年

授業中、他の仲間も巻き込んでたびたび保健室へ。一時間休んで戻ることが多い。あるとき「今度来るとき、教科書も持っておいで」と柔らかく声かけした。それから練習も終了し、「さぼり」もなくなり、クラスでの言動も落ち着いた。

これは、私たちの仲間である若い養護教諭が、いわゆる保健室の「常連さん」を「受け入れ」ながらも教室へ戻した事例である。ここでは保健室の役割を上手に遂行している。保健室とは本来、学校システムの要素の一部である。決して保健室だけが特別なものではない。このあたりの理解がよくできたうまい介入だと思う。介入は非言語ではないが、「教科書も持っておいで」という小さなそしてやさしいことばかけが、教科書のビジュアルなイメージを容易に喚起する。「In Brief／ブリーフに！」の精神に沿った介入である。

事例11 「男子がバカバカって言ってきて頭にくる！」と興奮して言いにきた女子四人

「よく聞いてね。今度は右足と両腕を大きく振り上げ、床をドンと踏んで『バカじゃない！』と叫んでごらん」と勧めた。一同大笑い。それからは、より仲良くなったように見える。問題が解けたことはいうまでもない。

これも小学校の養護教諭の実践したものであるが一般的に応用はきくと思う。子どもたちが「ノー」といえないゆえのトラブルへの対処のしかたを示唆したのであるが、ユーモアを有効利用して成功している。子どもたち、彼らは小学生であるが、十分にこの意図を体で理解している。決して床をドンとしろ！　と理解したわけではなく「ノーと言うこと」を体で理解しているのである。

ユーモアを上記に紹介したベイトソンのいったメタ・コミュニケーションの文脈で考えると、ここに示された、このなにげない介入事例も、たとえ小学生ではあっても、じつはかなり高度なコミュニケーションの進化のたまものともいえるものを体で理解していることを示す介入事例であり、ある種の感動を覚えもしないだろうか。

第2章

「たよりない父親」を「強い父親」にする

——空間的ジェンダー論

「強い父親」論よりも――

日本は父親不在だろうか

事例12　深夜に出かける中学二年男子

非行グループに入っている友だちがいる。深夜に電話があってそのまま外出する日もでてきた。母親は「子どもがこんな状態ですが、夫は何も言ってくれません。私は玄関近くに寝て子どもが出て行かないようにしていますが、このごろは疲れてきました」と言う。

一般的な意味で現在の日本の教育分野の「論調」として、「強い父親」を求める声がある。このことについて家族臨床家としての日常的な経験から述べてみたい。

強い父親待望論。これは現在の日本というシステムのもつきわめて自然な「一次解決」の反応であると主張したい。それは問題を抱えた家族システムの反応と非常によく近似するとも主張したい。つまり、問題が解けないのはいわゆる父親の力が弱く、何も言ってくれないからだという多くの母親に共通に見られる主張である。

さて、こんなときわれわれ家族臨床家はどうするか。いろんな方法があるが、まず「父親を強くする」なんていうファースト・オーダー・ソリューションは避けるのがふつうである。後述のような介入をどこかですることが多い。そしてそのような介入の改善への寄与率は低くない。問題行動がまだ初期の場合、これだけで解決してしまう場合もあるくらいである。

日本全体が、つまり現代の日本というシステムは、この状況と同型である。戦前までの日本と比較して、たしかに父権は弱くなった。心理的なことはもちろん、なにより法制度上の権利が女性に対して相対的に弱くなったのである。かわって「女性と靴下が強くなった」と戦後の一時期はいわれたものだ。今はそのような言動をすること自体もおのずと禁制がかかるくらいに日本というシステムは「豊か」になった。日本は西洋風にジェントルに成長したのである。二〇〇四年のアテネオリンピックでの日本女性選手陣の大活躍を私たち日本男性はしっとではなく心から喜べるくらいになった。しかし後述するが、考えようによっては、このことは二重に男性、あるいは父親は「弱くなった」ともいえる。

介入

セラピストは「体をはった」母の行動をねぎらいながら、こう言った。「ご主人はやさしいご性格で、そこがよくてご結婚されたんでしょう。ご主人のご協力も得ながら、子どもさんにこんな意味のことを言ってみませんか。『お父さんはやさしい。だから母さんも一緒になった。学校のことは、あなたにほとんど何も言わないけれど、とても心配している。子どものころ、あなたがあのケガをしたとき寝ないで看病したのはお父さんよ。あなたと母さんを守るためにチンピラのような人と対峙したこともあるのよ。今も心配でよく寝られない日がつづいているのよ』と」。

同類の複数の事例でこのようなメッセージの効果は確かめられている。家族療法の代表的な技法のひとつであるリフレーミング様の方法である。

なぜこれで問題が軽減するのか。リフレーミングとは「意味変え」ということであるが、じつはここにはソーシャル・コンストラクショニズム／社会構成主義に通ずる大きな考えかたが隠れている。

父親不在ではない、私たちが情報として不在にしているのである

関連分野にいる韓国人社会学者と対談していてもよく確かめられることがある。それは韓国も知識層を中心に、しだいに日本に似てきているが、それでも子どもにとって、まだまだ父親が強い存在なのである。儒教の影響をその要因としてあげる研究者が少なくない。

つまり、韓国では、父親が家庭に実際にはいなくても、母の口から、その強いそして偉い父親像が子どもに示される。反対に日本では家庭に父親がいても、母の口からその存在が否定されることが少なくない。教師についても同じである。日本の教師は母親から、つまりいわゆるＰＴＡから、否定されることがある。かつ否定しながら父のまた教員のしつけを守れというのである。父にとって、また教師にとっては一種の二重拘束である。前項で男性が「二重に弱くなったともいえる」と言ったのはこの文脈ででである。教育職にある父親にとっては、三重くらいの拘束である。実際、子どもが家庭で暴力をふるい父親にもおよんでいる場合で、それが親のもしくは反対に子どもの生命の危険にまでおよぼうとしているケース間で共通に思えることがある。その父親が、自分の子弟も含めて、子どもとの話し合いを大事にしようとする、ある意味できわめて「民主的」な感じを与える教員である場合が少なくないのである。そんな例は報道に注意していれば

わりと容易に出くわすだろう。

このような父親の場合、筆者の臨床体験では、家族システム内での像にかぎっていえば、彼は教養低くなく、子どもに高圧的に接するよりは自発的な気づきを求めるような信条を強く有していることが多い。また教養あるゆえか、どこかで妻と共同するよりは自分ひとりで問題を解こうとし、そのために妻からはどこかでいわばそのつけが回るように疎んぜられている、そして前述の行為を遂行する際に感じられる性格は「あっさり」よりは「ねちっ」としているという印象をもつことが多い。誤解しないでいただきたいが、これは一臨床家の印象であって、決して断定できるような一般像を示したわけではない。むしろこの稿を借りて、将来一般像を得るために、その事例のひとつを記しておきたいのである。

ではどうするのか？――父親像を母が構成（コンストラクト）してやること

事例13　高校生の娘。母への暴言、暴力

摂食障害の女子にも共通によく見られる問題行動が主訴である。母にべったり依存しているかと思えば、自分の言うことが聞き入れられないと暴言を「吐く」。ときに母の腕を強くつねるなどの軽い暴力も伴う。父は「とてもやさしく」、父への暴力はない。しかし父は父で「本人が逆上しないように接している」というふうで、まるで「腫れ物にさわる」ように父母は娘に接している。また母の、つまり妻の夫像は「やさしすぎる」であり、そこでセラピストが「そんなやさしいご主人だから、結婚なさったのでは？」と問うと母は少し笑って首肯する。

■介入■（以下、全体でワンセットの介入である）

1　事例12のように母が父のやさしさの裏側の厳しさを娘に伝える。

2　父が母を子どものいるところで、子ども以上の力強さとパワーで叱る。叱るテーマはとくに特定する必要はない。できるだけ自然なものを考える。

3　その他のときは、新婚時あるいは子どもの幼児期を思い出して、父母の仲の良さをアピールする。非言語でのそれが効果的（第1章参照）。

実際の父に強くなってもらうのではなく、母と父で強い父親像を家族の中に構成（コンストラクト）しているのである。この場合、母が難色を示すことがある。「どうして私が夫に叱られなくてはいけないのか」「問題は夫にある」「問題は子どもにある」「いや私自身の問題です」等と不平を言う。これらはいずれも個人の問題に還元している。たとえ「自分の問題」というにしてもである。他人ではなく自己への原因帰属は、個人療法では善しとされる場合が多い。しかし家族援助の立場からは、労多くして益少なしの結果になりやすいと思う。父母に共同してもらうほうがずっと、労少なくして益多しである。妻には、このことを説き、いわば嫌でも協力を願う。

強い父親よりも母による「構成」

ここまでに二つの事例を紹介した。そして「強い父親論」とでもいうべき昨今の日本の論調もしくは世論に対して家族臨床家として意見を述べさせていただいた。強い父親論が間違いだとは思わないが、あまり現実的とは思えないのである。父親個人あるいは片方の性だけに問題を還元したところで問題の多くは解けない。

筆者の研究室で「結婚の Before–After パラドックス」と呼んでいる現象がある。やさしい夫ゆえに妻は夫のプロポーズを受け入れた。しかしこのやさしさが子どもの教育にはあだになる。やさしすぎる。だから強くなって！　と叫ぶ。しかしたぶんこれは夫にしてみれば酷なことである。そうなろうと努力する夫もいる。とびきり「根がやさしい」のになんとか強い父にならんと、涙ぐましい努力をする夫。しかし前述のようにもっと容易な方法がある。さらに「面倒」で困難なケースの場合においてもである。

また、いまもって「父の強い」韓国の場合も知識層を中心に、しだいに日本に似てきていると聞く。つまり世界的に父は「弱く」なっているのである。たぶんこの流れが本流で逆流のような対策は現実的ではないのであろう。実際、面接室で強い父、つまり妻にはやさしくて問題の子どもに対してだけは「強い父親」を望む妻の希望をかなえた事例はきわめて少ない。不可能ではない。しかしいわば能率が悪いのである。代わって、父母による「嫌でも協力論」を現実的な解決策として集積された事例から提言させていただいた。

「男同士」という拘束

事例14　家族の体をなさない家族を援助する

クライアントは中学生、不登校二年目。父は二年前に亡くなった。兄と妹そして幼い弟がいる。自分の部屋への強いひきこもりが見られ、母は自分たちの家族は「家族の体をなしていなかった」と反省する。祖父、祖母がいるがともに元気である。夫は祖母の「いうまま」で家業の農業はよくやってくれていたが、無口な仕事人で、家族らしい家族ではなかったと訴える。また、祖母は娘に自分（母）の悪言を、根拠もなく伝えることがあるとも訴える。クライアントを除いて来談した子どもたち二人のうち、兄も「家族らしい家族ではないが、しかたがない。どこもそんなものではないか」と妙な自信をもって断言する。妹はまるで「失感情状態」かのように見え何をきいても明確な反応が得られない。「このカウンセリングになぜ私が来なくてはならないのか」といった感じで、表情のない「お客さん」のような頼りない感じを与える。幼い弟の来談は物理的な理由でとくに要求しなかった。

「家族らしい家族ではない」という子どもらの言動と、「家族の体をなしていなかった」という母の言動にうそや遠慮はないと強く感じさせられる。不登校はそんなクライアントを家族の中に育てたことが原因でつづいていると、母は自分なりの「物語」を涙ながらに述べる。

インテーク、第一回、第二回と面接をすすめるにしたがって、このケースが難事例であることに気づかされた。つまり家族援助の際の鍵になる、家族に内在する力／自己組織性がうまく働き出してくれるのかを疑問に思わされた事例だったのである。

たいていの家族の場合、かなりむずかしいと感じさせられる問題でも、彼を応援する者が家族内にそう困難なく見つかるものである。子どもの問題の場合、多くはまず母が、そして父がなんとかこの要求を満たしてくれる。最初は、たとえ形だけでもこの二人が連携をとるという態勢が家族内に組めると、家族援助は、その成功への最初の一歩が記されるものである。新しい形態への自己組織化が進み出すのである。

筆者らの一〇年間にわたる事例のアウトカム研究（成果検討）では、上記のようなアプローチで平均四、五回の面接で成功を得ているが、その筆者らにしてもこの事例は「むずかしいなあ」という印象であった。難事例だと感じさせられたのは第二回面接で祖父母がやって来た以降である。

最初の面接では、たいていの場合のように協力的な祖父母という印象であった。しかし第三回以降にクライアントの兄を通じて、面接そのものの不必要性と面接者への不信を伝えてきた。まるで手のひらを返したような祖父母の対応にも感じた。兄もまたカウンセリングというもの自体への不信感を表明した。動機づけが高いのは母のみである。母は家族内でただひとり孤立している！　そんな印象で面接はつづけられた。

この事例の介入に関する検討を以下に試みるが、それは結果的に「男同士」という拘束の力を活用することであった。

さて、チームでの検討の結果、動機づけの高い母を応援する者をクライアントの兄にすることにした。しかしこの兄は、いわば祖父母の味方である。母の立場とは正反対にも感じさせられる言動もする。筆者らの中には祖父母の「回し者」ではないかと疑うチームメンバーもいたくらいである。

まず“What's better?”／「それでも何かいいことはないか？」と例外を探ってみた。すると

「クライアントは私よりも兄のいうことを聞く」と母が述べた。これで、母を応援する者が、その反対者に見えるこの兄であるべきだと決まる。が、さてこの先どうしたものか。どんな協力が得られるのか。

チームのメンバーから、亡くなった父と年齢が近い男性カウンセラーがメインカウンセラーに選ばれた。理由は、じつは消極的である。この標的にすべきクライアントの兄はカウンセリングというもの自体への不信感を面接で堂々と表明している。そして最初からなんとなく女性カウンセラーではクライアントの兄に疎んぜられるように感じられたからであった。それはチームの複数のメンバーが感じていた。チームは以下のような介入をこころみて、結局六回の面接でクライアントは進学を果たし、元気で登校しだした。

▩介入▩

男女二人のカウンセラーが組むことが多いが、このような事例では男性カウンセラーが毎回、最後の一〇〜一五分程度、男性成員——この場合、兄——とのみ面接する。このときカウンセラーは立場上というよりも、少し先を歩くひとりの男性として「真摯に」対応することになる。クライアントの兄には、クライアントがいうことをよくきくのは君であると応援を求めたうえで、求めたのは次の二点である。

1 君はお母さんの長男として接すべし。決して「夫」やひとりの男としてではない。
2 クライアントには自身でなく母と亡くなった父のために進学すべしと「やさしく」伝達すべし。

さて兄はクライアントに「母さんのために進学しろ！」と迫ったという。それまでは一家中がクライアントの自立をずっと待つというラインで来たのである。母は受容的に待ち、他は本人の「やる気」のなさを突き放していた。そう解釈する者もいるが、ここで男性カウンセラーは「強い父親」役を演じたわけでは断じてない。結果的に「男という非言語」が効いたのである。相棒の女性カウンセラーに構成的に「立ててもらった」のである。

空間的に「父の座」を構成する――

「おとこ」性は女性が空間で支える

ふつうパーソナリティは発達の産物だとみなされる。男らしい男性、女らしい女性は発達過程で両親から、あるいは両親をいわば反面教師として学ぶと。しかし短期療法／ブリーフセラピストである私たちは、そうは考えない。いや、そうも考えられるが、しかしこうも考えられる、と考えるのである。「ある男性の男性性はまわりの者との相互拘束によって維持される。女性性を支えているのも相互拘束である。だから男性的にみえる男性でもまわりの状況によってはむしろ女性的にもなりえる。女性についても同様である」と。

私たちのいう「相互拘束」の概念で性格（パーソナリティ）というものを考えるとそう言えるのである。

いわゆる男性的と呼ばれる諸行動／メッセージをまわりに発するとする。たとえば「俺についてこい」と言う。するとそのメッセージの受け手、たとえば好意をもつ女性なら「はい、私でよかったら」としおらしい発言を返す。女性的な返答である。発声の声色やしぐさまで女性的になるものである。拘束されたのである。するとさらに先の男性は拘束する／される。たとえば、男らしく女性の小さな肩を強く抱くのである。ユーモアを込めていえば最近の若い女性の肩は大きい。しかしそれでもくだんの男性は、それが、あたかも細くて小さいかのように、雄々しくぐっと抱いて引き寄せるのである。するとまた女は女的になる。

ブリーフセラピーの先駆者のひとり、ジェイ・ヘイリーは「われわれはパーソナリティという概念はもっていない」と明言したことがある。筆者ならもう少し慎重に、というより原則的にこう付け加えたい。「そう考えてみるのである」と。これは構成主義スピリッツである。ヘイリーに明確な構成主義はみられない。今日の社会構成主義の出発点になる「構成主義」はヘイリーと同じＭＲＩ（メンタル・リサーチ・インスティチュート）のＰ・ワツラウイックによって初めて具体的に提唱された。ワツラウイックはヘイリーよりもやや後輩である。

男性性をこのような視点で考えるメリットは何か。うまくはいえないが、単に援助というものを超えて、それはかなり大きいことのように筆者には思える。

つまり時間軸にそった発達心理学的視点のオルターナティブとして、男性性・女性性は過去の生育歴で決定するのでなく、今現在そここで男性性が生まれ女性性が生まれていると考えうるのである。いわば空間的ジェンダー論といったものを想定できる。ここからは今までのものとは違うウーマンリブやメンズリブの形が生まれるような気さえするが。

カウンセラーの「おとこ」性も女性カウンセラーが構成できる

先ほど「難事例」といってよいケースを紹介した。「家族の体をまったくなしていない」と来談家族自身もそして経験ある家族援助チームメンバーの多くもが、たしかに「難事例」だと納得したケースである。

この事例での決定的な成功のポイントは二つの介入課題のほかに、毎回の面接の最後の一五分ほどを男性カウンセラーがクライアントの兄と二人での面接をしたことである。このときたっぷりと「男同士」の対話をこころみた。しかしこのカウンセラー自身は決していわゆる「おとこおとこ」したパーソナリティではないと、まわりもそして当人もが一致した感想である。どちらかというとむしろ反対でふだんの面接でもいくらか女性的な細やかさを感じることのほうが多い。そんなカウンセラーでも、その「おとこ」性を、メインカウンセラーと共同でかかわるコ・カウンセラーがつくりあげることができるのである。正確には「おとこ」性の「強調」というのが正しい。たとえば女性のコ・カウンセラーが、この孤立している母の味方にしてしまいたい兄――

彼は祖母派である――に対して次のように相棒の男性カウンセラーを紹介する。

「これから毎回最後の一五分ほどを男の先生／カウンセラーと話していただきます。このカウンセラーはこの種のケースには経験が豊かです。非常に男性的な発言や介入を勧めることで著名でもありますが、心配は無用です。（兄のほうを向いて）男らしくみえるあなたの中にも同様のものがあるように、実際には先生はとてもやさしい話しかたをします。むしろ女性的な細やかさも感じる方が多いようです」。

右記のような紹介の背景に「フレーミング」と呼ぶ技法がある。効果はじつに大きい。最初だけではなく、必要なら機会をみてなんども女性カウンセラーが、この点を強調する。男性のもつその面を大いに強調するのである。

このような「フレーミング」は基礎心理学でいう「後背効果」を生む。そしてこのカウンセラーの実際のやさしいパーソナリティもが生きてくる。たとえば、「ほんとうは、こわい先生かもしれないのに」と。そんななかで介入を出す。

空間的ジェンダー論

どんなに頼りなく見える夫／父でも、母の伝えかたしだいで、子どもにとって父は「やさしい父」にもなれば「情けない父」にもなる。夫／父の実際のパーソナリティとは無関係である、というのが臨床家としての正直な印象である。主訴は、前掲の事例12（36頁）と似たものであるが改めて事例検討してみたい。

事例15　やさしすぎる夫を男にする！

夫は子どもに何も言ってくれません――非行グループにいる男子中学生をもつ母親の言である。夫は子どもが小さいころ、よく自動車レースを見に連れていったという。夫は自動車レースの見物が趣味なくらいだから、いかにも「男らしい」はずと予想するが、実際の面接でもじつにやさしく無口な夫であった。妻もそんな夫のやさしさに好意をもって結婚したという。妻はちょうど、対照的におしゃべりで男性的なきっぷのよさを感じる。

そんな妻の不満は夫が中学生の子どもの非行に何も言ってくれない、「逃げている」と訴える。「裸になって子どもに向かい合ってほしい」とも強く訴える。

■介入■

夫を強くするよりも母が、新婚期を思い出して子どもの前で夫を持ち上げ、自身は「へりくだる」介入。

カウンセラーは妻が夫に訴える「裸になって子どもに向かい合ってほしい」は、むずかしいかもしれないと述べた。「すでに四〇歳のやや太り気味の夫を裸にするのは酷だ」とユーモアを活用して夫への要求をフレームすることから介入を開始した。介入は以下の一点である。

子どもの幼児期、児童期を父母二人で思い出して、父親らしい夫らしい、そして男らしかったことを母がことあるごとに子どもに伝えること。

間違いやすいが決して「例外」の探索から「男らしい行動」を再現して拡大していくというDo More の介入を遂行するのではない。

一か月後の報告では、これだけの介入で子どもの行動は落ち着きをみせた。母の言によると、夫のことを「持ち上げる」のは、今までは、まったく気が進まなかったという。夫に「愛想がつきた、子どもを連れて離婚も考えていたくらいだから」という理由である。しかしカウンセラーに従ってやってみると、子どもの無断外泊がめっきり少なくなった。非行仲間からの電話は毎晩のようにあるが、出て行くときは声をかけるようになった。そして遅くても家には帰ってくるという。父とも話すようになったと報告があった。

いったい母から何が具体的に子どもに話されたのか。じつは子どもには父方からの遺伝性の障害があった。そのことを夫は「自分の責任である。なんとしても直すと、お母さんには言っている。本人には言うな」等である。

さて、ここまでのまとめをしておこう。

子どもにとって父親「像」は母親がその主たる施工主である。夫／父の実際のパーソナリティとは無関係である。このことは父母の立場を反対にしても言えることである。「口やかましい母」の像を父が娘の前で「本当は一番お前のことを心配しているのがお母さんだ」と伝えることができる。

第3章

変化はいつも起きている

——良循環の探索

クラリフィケーション／明確化

事例16　中学二年男子の不登校

カウンセラー：――そうですか。それでお子さんの不登校にどんなふうに取り組んでいらっしゃいますか。

両親：今はあまりうるさくいわないようにしています。本人の気持ちしだいですから。

カウンセラー：それでうまくいってますか。有効なやりかただと思いますか。

父：いえ、どうも子どもはおとなしくはしているんですが、私たちがもう、もちません。

カウンセラー：他にはどんな方法をやられましたか。

父：以前は、力ずくでも引っぱって学校へ連れて行ったのですが――。

カウンセラー：それは、うまい、有効なやりかたでしたか。

母：いえ、結局、本人が泣いたりしてまったく布団から出ないわけで――。私に噛みついたりしたこともあります。それでしかたなく今のように――。

カウンセラー：他にどんな取り組みをされましたか。

母：はい、カウンセラーの先生に見ていただこうとしたり――。
カウンセラー：それは、有効でしたか。
父：いえ、ガンとして行きません。今日も来ませんし――。

これは問題が生じた家族がよかれと思って自然に遂行している解決への試み／解決努力を明らかにしているくだりである。「解決努力の明確化」のプロセスといっていい。

ブリーフセラピーが生まれたＭＲＩ（メンタル・リサーチ・インスティチュート）では、この家族のなす「解決への試み」に最大の焦点をあてる。その意味ではきわめてソリューション・フォーカスト（解決志向）なのである。「元祖解決志向アプローチ」と呼んでもあながち間違いではない。筆者らが一九八六年にわが国に紹介し、現在ソリューション・フォーカスト・アプローチの創始者として著名なスティーブ・ド・シェーザーやインスー・キム・バーグと、その年の前後にミルウォーキーの彼らの自宅に長く泊めていただいていたときに議論したことがある。ＭＲＩのアプローチも、もともと解決に焦点をあてているではないかと。ド・シェーザーとバーグがもともとＭＲＩの訓練生だったことは有名であったからである。またＨ・アンダーソンもである。そういえば三人は似たような年代にＭＲＩの訓練を受けている。

現在のＭＲＩブリーフセンター長のリチャード・フィッシュ博士は、近著でド・シェーザーらにも謝意を捧げている。「ブリーフセラピーを世界に広めてくれている」と。

ＭＲＩで学んだド・シェーザーらのその後の最大の貢献は、変化はカウンセラーによって引き起こされるものではなく、いつでも変化は起きているとした点である。アテンプテッド・ソリューション（こころみられた解決）ではなく「すでにうまくいっている解決」に焦点をあてたことである。変化は引き起こすものではなくすでに起きている。その「既変化」に焦点をあてる。

これはたぶん、ＭＲＩの元祖解決志向アプローチからは進歩であろう。しかし読者はお気づきと思うが、前述の解決努力のクラリフィケーション（明確化）から「既解決の明確化」まで、長大すぎる一歩とは言い難い。いわんや、まったく異なったアプローチとはとてもいえないと思う。

■介入■　小さな変化の導入／Do different

さて、前述のこころみられた解決努力をクラリファイ（明確化）する作業をていねいにやっておくと介入課題はそれほどの苦労もなく得られる。つまり上記を貫く家族なりの解決策は、こういうことになる。

両親が本人のためにと、力ずくで登校を促すか、反対に放っておくか。

積極的に「行くな」とはいっていないのである。また「本人のため」ではあるが「私たちのため」だったり「家のため」とは考えていないのである。そこで介入は「行くな」と「家のために」を積極的に伝えるのが一方法ということになる。さて介入は、どんなに風変わりなものであろうと、上記の解決努力をクラリファイ（明確化）した後には家族にとってとても受け入れやすいものになっているものである。実際の介入は以下であった。

新学期が始まる数日前にいつもはやさしい兄から「お父さん、お母さんのために行け。お前のことをあんなに思ってくれている」というメッセージを伝えてもらった。「それが嫌なら働いて家をたすけてほしい」とも。

これは十分な配慮をしたうえでの介入である。ここで重要なのは彼個人だけではなく彼を含む家族という集団のもつ力／自己組織性を働かせているところである。彼個人の主体性は十分に尊重されているが、もう一方、家族という全体の尊重もなされねばならない。個人の尊重という近代主義／モダンの中心とともに、家族といういわば前近代から引き継いだ集団の形態も尊重することが、結局は有効なことを家族療法では毎回確認させられることになる。近年、流行のセラピーにおける「ポストモダン」とはじつはここから始まったのである。

ところで、このようなカウンセリング場面での主訴で圧倒的に多い不登校の問題でいわゆる解決志向、つまり「登校したときはないのでしょうか」という質問は私たちの経験では不登校全体の三分の一程度で有効である。後の三分の二は、上述した偽解決の詳細な明確化で得られることが多い。どちらかではなくどちらも有効なのである。そこで私たちはつねにこの両者の質問を同時に行う。偽解決と既解決、つまりソリューション／解決の両面からの同時記述である。G・ベイトソンのいう二重記述（ダブル・ディスクリプション）である。一〇年間のアウトカムの検討では、どちらか一方のモデルよりも早く終結することがわかった。

余談だが、ある恋愛をとりあげ同じ速度で男女二人の作家がその創作を書き進めている実験小説があると筆者の家族が教えてくれた。おもしろい。ダブル・ディスクリプションのこころみだ。読者は一方だけ読んでも充足される。しかし他方を読んでみると「真実」はその両者の間にある、もしくは両者の「差異」こそ「真実」だと了解するのだ。

なお、二重記述については、次の第4章で詳しく触れる。

「ゆらぎ」を見つけ、大きく育てる

前節では、ＭＲＩ派と、ド・シェーザーらのＢＦＴＣ（ブリーフ・ファミリー・セラピー・センター）派との異同の同の点を示した。では、異なる点とはなんだろうか。筆者は以下のように考えている。

「ＭＲＩは変化をどう引き起こすか、それも最小の努力で最大の成果をあげるべく引き起こすことに焦点がある。ド・シェーザーらは、変化はこれから引き起こされるようなものではなく、すでにいつも起きている、それをどう継続拡大させるかに焦点がある」。

これはシステム論のことばでいえば、「ゆらぎ」理論に近い。つまり生命はいつも定常状態を越える小さな変化を生起している。それは小さいがゆえに全体の安定状態に抑え込まれる。心拍や歩行、定常脳波といったものにさえ、この「ゆらぎ」は観察される。健常者でも心拍はいわば多少なりとも乱れているというわけだ。それで健康なのである。しかし全体としては大きな乱れはない。それが生命システムの姿である。

同じように問題ばかりが生起しているように見えるとき、たとえば、息子が家で暴れている、不登校で部屋に閉じこもったきり、落ち込んだままといった状態に見えて、じつはそうでないときがある。つまり「ゆらぎ」が観察されてふつうなのだ。暴れていないとき、部屋から出るとき、落ち込みの多少とも軽快なときがあるものなのである。この変化／ゆらぎは大きなものではない。だから見えにくいし、そんな拡大再起なんか不可能のように最初は見える。しかしこれは大きなものにできる。見つけることも大きく育てることも可能なのである。その手順、それがソリューション・フォーカスト・アプローチの手順ということになる。

ゆらぎ／例外を見つける

この方法のポイントのひとつはダイレクトにすでに起きている変化を探すことである。問題を聞いたらすぐに、いわばすかさずに、「ちょっとでも問題が起きていないときはないですか？」というベースの質問をする。

慣れてくると二、三分の問題聴取で、このゆらぎを見つけることが可能になる。質問のバリエーションを以下に実際の事例から抽出してあげてみる。

事例17　助辞「ほんの少しでも」によるストレートな質問

来談者：子どもが暴れています。

カウンセラー：暴れていないときはないですか、少しでもご両親に反抗しないときは？

筆者らの臨床場面では、この基本形と以下のバリエーション形態の質問が全体の八〇～九〇％を占める。

事例18　数量／尺度を用いる

来談者：落ち込んでます。何もする気が起きません。

カウンセラー：今までで一番ひどい落ち込み度を10として、今はどれくらいですか？

来談者：7くらいです。

カウンセラー：へえ、ということは、3はいいんですね。それはどんなときですか？

事例19　主観的な困難さのノーマライズとその克服方法を聴取

来談者：もう何もかもがいやになりました。まったくひどい状態です。

カウンセラー：それはひどいですね。そんな困難な状況でも、どうやりくりなさってらしたんですか？

この質問方法は、構成主義的な認識論を含み興味深い。つまり「もうどうしようもない」「終わりだ」と訴える来談者の状況を主観的だと指摘しないで、反対に客観的なものとしてノーマライズ／肯定してしまい、その「客観」状況への対応策を聞く。するとそれはどうしようもなかったと応えるよりは、ちゃんと対応策を応えてくれるのである。例外／ゆらぎとしての既解決を述べてくれるのである。

事例20　会話は問題へ向かう傾向がある。うっかりすると既解決を素通りしてしまう

来談者：子どもが暴れているんです。最近はいいんですが、私（父）が注意しても、反抗がすごくて聞いていられません。

ここでカウンセラーは、「そうですか、反抗がすごくて尋常には聞いていられないくらいなのですね」などとは受けないことである。これはロジャース派の方法――である。そうではなく、この方法は「最近はいいんですが――」という言動をすかさず、ゆらぎ／例外として、注目しておく。そして、ゆらぎ／例外を含む良循環を探っていく。

事例21　ゆらぎ／例外と良循環にのみ焦点をあてる、他は無視してもいい

来談者：子どもが暴れてるんです。最近はいいんですが――。

カウンセラー：へえ、最近はいいんですね。どんなふうにいいんですか？

面接が始まって二、三分である。すぐに既解決を探る。

ゆらぎ／例外が獲得できれば、ド・シェーザーのいう「差異の明確化」である。筆者はMRIアプローチの悪循環と対応させて「良循環の探索」と呼ぶこともある。

こうまとめてもいい。

どうも「意識」は問題へ向かう性質をもっているらしいと。日常の会話は居眠りしてはできない。多少とも意識的な過程である。だからほうっておくと問題へ問題へと向かってしまう傾向がある。解決していることをスルッと素通りしてしまうのである。

何が違うのか／差異の導入

事例21を続ける。

「差異の明確化」もしくは「良循環の探索」とは以下のような手順である。

カウンセラー：へえ、最近はいいんですね。どんなふうにいいんですか？

来談者：たまに私たちの喜ぶこともいってくれます。

カウンセラー：へえ、何かふだんとは違うんでしょうかね？
来談者：はい、兄が下宿を引き払って家へ戻って来ていますし——。
カウンセラー：へえ、お兄さんが。すると、何が違ってくるでしょうね？

例外を獲得し差異を明確にできれば、後はそれを繰り返させるだけである。例外の"Do more"である。事例21では兄のいるところで父母が弟と話すことをベースの介入にした。すると反抗が減じ、ちょっとした用事も言えるようになった。

太陽の魔術

一九八六年にド・シェーザー夫妻を招聘し、わが国で最初にブリーフセラピーの紹介を行い、以降それを養護、矯正の分野の人々に普及させた、ブリーフセラピストである故・小野直広は、よく次のような事例をあげていた。

事例22　幼稚園にお迎えに行く母

子どもが遊びに夢中で帰らない。母は食事の用意のこともありイライラして強く叱責。たたいてしまうのである。虐待だと主張する専門家もいる。カウンセラーが、すぐに帰るときは皆無か、と問うと、遅くお迎えに行くと問題なく帰るとか。他児が帰ってしまって遊び相手もいなくなるのである。

そこで介入は、食事をつくってからお迎えにいくこと。するとすぐに改善した。

「例外」を繰り返すというブリーフセラピーの基礎的方法について小野は「光りあるところに光をあてよ」とたとえた。小野はこのような方法を、あの児童文学「北風と太陽の物語」から借りて「太陽の魔術」と呼んだ。男の着込んだ分厚いコートを早く脱がしたほうが勝ちという太陽と北風のお話である。北風が風をびゅうびゅう吹かせて力任せでコートをはがそうとするよりも、暖かい光を与えて男が自ら進んでコートを脱ぐのを目指す。そうたとえた。このたとえでこの方法が一般にも受け入れられやすくなった。

他にも小野独自のたとえがある。「黒字ノート法」。これは若手の研究者にもよく引用されるまでになった方法だが、効果が確かめられている。たとえば保健室登校をする児童の行動について、「赤字＝悪いところ」ではなく、「黒字＝良いところ」にフォーカスしてもらうノートを、学校と家庭の間で当の子どもに往復させる。ノートは封をしない。これだけであるが、まもなく家庭―

本人―学校間で良循環が生起しだす。これはバーグらによって海外に紹介してもらっている、筆者らの「ソリューション・バンク」(Solution Bank) の実践と並んで優れた方法である。それは、書きことばを用いた日本人によりフィットした「ソリューション・トーク」として改めて紹介したいと考えている。ソリューション・トークとは面接時の会話（トーク）で問題や不満に焦点をあてず、可能なかぎり解決、つまり上述の例外に焦点をあて、言語化させる面接をいう。

ここでは小野からブリーフセラピーを学び見事に実践している方の事例をいまひとつ紹介したい。MRIアプローチである。

事例23　ブリーフセラピーでごみ問題を解決

うちは共働きなので昼間は不在がちで、駐車場が近所の子どもたちのかっこうの遊び場になっています。いつもごみが散らかっているので、気にしながらも、見すごしていました。一週間もすると、たまったごみが植え込みにまで散乱して、掃除がたいへんになります。

短期療法でやってみようと、考えました。まず、いつもは休日に掃除していたのをやめて、散らかしっぱなしにしておきました。そしてダンボールの空き箱に白紙をはり、太いマジックペンで、こう書いて、植木のそばにおきました。

〝ゴミはこの中よ！　たくさんいれてね！〟

月曜日、帰宅してみると、まわりは散らかったままですが、箱の中にはジュースの缶やお菓子の空き袋がはいっていました。中身を空けて、また空き箱にしておきました。翌日、帰宅すると、箱の中には枯れ葉も入っており、まわりのごみはきれいになくなっておりました。うれしくなって、また箱に赤いマジックでこう書きました。

〝きれいになったね、ありがとう！〟

次の休日に、情報がはいりました。団地の庭にもダンボールの箱が出ていて、マンガが描かれていて、お菓子の空き袋がはいっていたそうです。

この事例を小野はよく引き合いに出していた。一九八六年のド・シェーザー夫妻の招聘以来、小野はセラピーやカウンセリングの専門家ではなく養護や看護、また一般の主婦を対象に短期療法を教えてきた。そして彼、彼女らがじつはとてもうまく介入するのに気づいていた。たぶん、いわゆる専門家をしのぐであろう見事な介入も多くある。そんな教授経験から小野は「専門家」

というだけでは、あまり信用しなくもなっていったようにも思う。筆者もまた同じ感想をもっている。さて前述したのもそんな非専門家の事例である。しかしすごい！　美しくもある介入だ。小野は事例提出者に次のようにコメントしている。

「――これは短期療法がコミュニティー（地域）の問題にまで発展した貴重な事例です。まず『ごみを散らかさないで』としないで『たくさんいれてね！』としました。これで、子どもたちは反感をもつ必要がなくなり、協力する気になります。つまり、こちらの条件『ごみを捨ててもいい』が受け入れられれば、相手の条件『ただし、この箱のなかにね！』も、のむ気になるのです。しかしまあ、このユーモアのよさは抜群ですね」。

第4章

より強力なアプローチ

——二重記述モデル

事例の二重記述

「ルールに対する例外」から出発した

一九八六年。この年、わが国でブリーフセラピーが出発した。第三回家族心理学会にS・ド・シェーザーとI・キム・バーグ夫妻を公式招聘した年である。以降、バーグは韓国のご出身ということもあって、ほぼ毎年ご帰国の際にいわば「日本へ寄って」いただいて指導を得てきた。彼らが現在わが国ではブームといってもよいほどの隆盛をみている解決志向アプローチを提唱したのである。彼らの研究所ＢＦＴＣ（ブリーフ・ファミリー・セラピー・センター）は一九八四年設置と公言しているので、一九八六年のわが国への紹介は、かなり早いということになる。

以降、技法的には多くの洗練されたものをもつようになってきたが、基本的な概念は「エクセプション／例外」というものに集約され、出発時点と変わらず一貫している。

現在は「問題に対する例外」という概念として理解されるが、当時はＭＲＩ（メンタル・リサーチ・インスティチュート）の創始，D・ジャクソン博士が示した，『家族内のルール』に対する『例外』という内包であったといってよい。

「家族とは一群のルールに規定されたシステムである」というジャクソンの有名な定義を踏襲している。システミックな家族療法が出発する記念的言辞である。その文脈の上でド・シェーザーらは，「ルールに対する例外」と発言している。

事例24　継母「抱いてやる気がしません」

来談者は継母である。子どもは小学生低学年女子（仮称マミ）。

「この子が二歳のときに再婚しましたが，その当時はかわいくて自分の本当の子どものように育てました。しかし最近は私にうそはつくし，お金も私の財布から盗んでるのではないかと思えて，いやたしかにそんな形跡が感じられます。イライラしているようですし私も抱いてやる気がしません」と訴える。

抱いてやりたい，抱けるような関係に戻りたいというのが母のゴール（治療目標）である。

さてここから例外の探索をダイレクトに開始する。「抱きたいという気持ちがあるのですね，そんな気持ちさえもたない人も少なくないのに」という賞賛の気持ちを笑顔に込めて「最近抱けたときは？　ちょっとでも」と問う。最後の助辞「ちょっとでも」が決定的に重要であることは以前に述べた（第三章参照）。

母は少し考え込んで、つい数週前は抱けたことを見つけた。「でもあれは偶然だったんです。試験でよい成績をとったもんで。本人も喜んでいましたし」。

そこで「他には？　ちょっとでも」と問うと、また少し考え込んで。

「今日お父さんが出張から三日ぶりに戻るので何か娘とできないかと思っているんですが」。

「今日はお子さんはうれしそうではないですか？」

「たぶんそうだと思います」。

「それだけでは抱けませんか？　以前には本人がうれしそうで試験でよい成績をとったときは抱けたのですから」。

「でも、あの子は父親っ子で私が間に割って入るようで――」。

ここまでくるとカウンセラーには母のする偽の「解決努力」が見えてきた。父と娘の仲になんらかの理由でいわば「遠慮する」のである。

そこで介入は以下のようになった。

介入

「マミちゃんとお父さんの仲のいいのにやけるわー！　といって抱いてください。抱かなくても体に触れるだけでもいいです」。

これだけの介入だったが，次回の面接には「うそのように元に戻りました。あの子がクッキーを焼いてて火傷しそうになって思わずその指を吸った」とうれしそうに報告した。

しかし，ここで，筆者としては「偶然抱けた」という点が気になる。読者ならばどう解決されるだろう。筆者らの解決は終結に込めたメッセージであった。

「お母さんの娘さんを抱こうとする気持ちはすばらしい。拍手ものです！　しかし偶然に任せて抱くよりも，ことばにしましょう。子どもから大人への愛情表現の有効な発達段階は体や物から，しだいにことばに移行することです。『やけるわー』とユーモアと愛情を込めていうようにしてみませんか」。

以上のように「終結のメッセージ」を出して終了した。

二重記述モデル

先の事例で最後に出した終結のメッセージが重要である。このメッセージは解決志向アプローチだけからは出てこない。典型的なＭＲＩの方法によるのである。家族が問題に対してなす自然な解決――それは結果的にはうまく機能しない偽の解決努力なのであるが――に介入する。

事例24では、継母がなす父親っ子の子どもと父との関係への割り込みへの遠慮をユーモアの形で表現させてしまったのである。「遠慮から表現へ」とでもいう介入である。介入のポイントは例外と並んでこのことである。筆者らは同一の問題につねにこの両者の視点を重ねて問題の成り立ちを立体化する。Ｇ・ベイトソンの叙法にならって二重記述（ダブル・ディスクリプション）モデルと呼んでいる。説明の抽象度を上げた、筆者の仲間による解説を示しモデルを汎用化したい。著者はこれを「表裏のアプローチ」と呼んでいる。

ワンポイント

表裏のアプローチとは、問題に対する例外的行動パターン、すなわち、すでにある解決を探索するＢＦＴＣの解決志向アプローチと、問題に対する例外が探索されない場合、例外行動を作り上げるべくこれまでと異なった問題に対する対処パターンを導入していくアプローチである。筆者らは前者を表のアプローチ、後者を裏のアプローチとして表裏のアプローチと便宜的に呼んでいた。あるいはマルチプル・ソリューション・フォーカスト・アプローチとも呼んでいた。しかし、これが単なる折衷と考えられ、誤解を生む面があったために、現在では、ダブル・ディスクリプション・モデルと呼ぶことにしている。「ダブル・ディスクリプション」とは二重記述を意味している。それは「二つ以上の情報が組み合わされるとき、そこから理解と介入に関する情報のボーナスが得ら

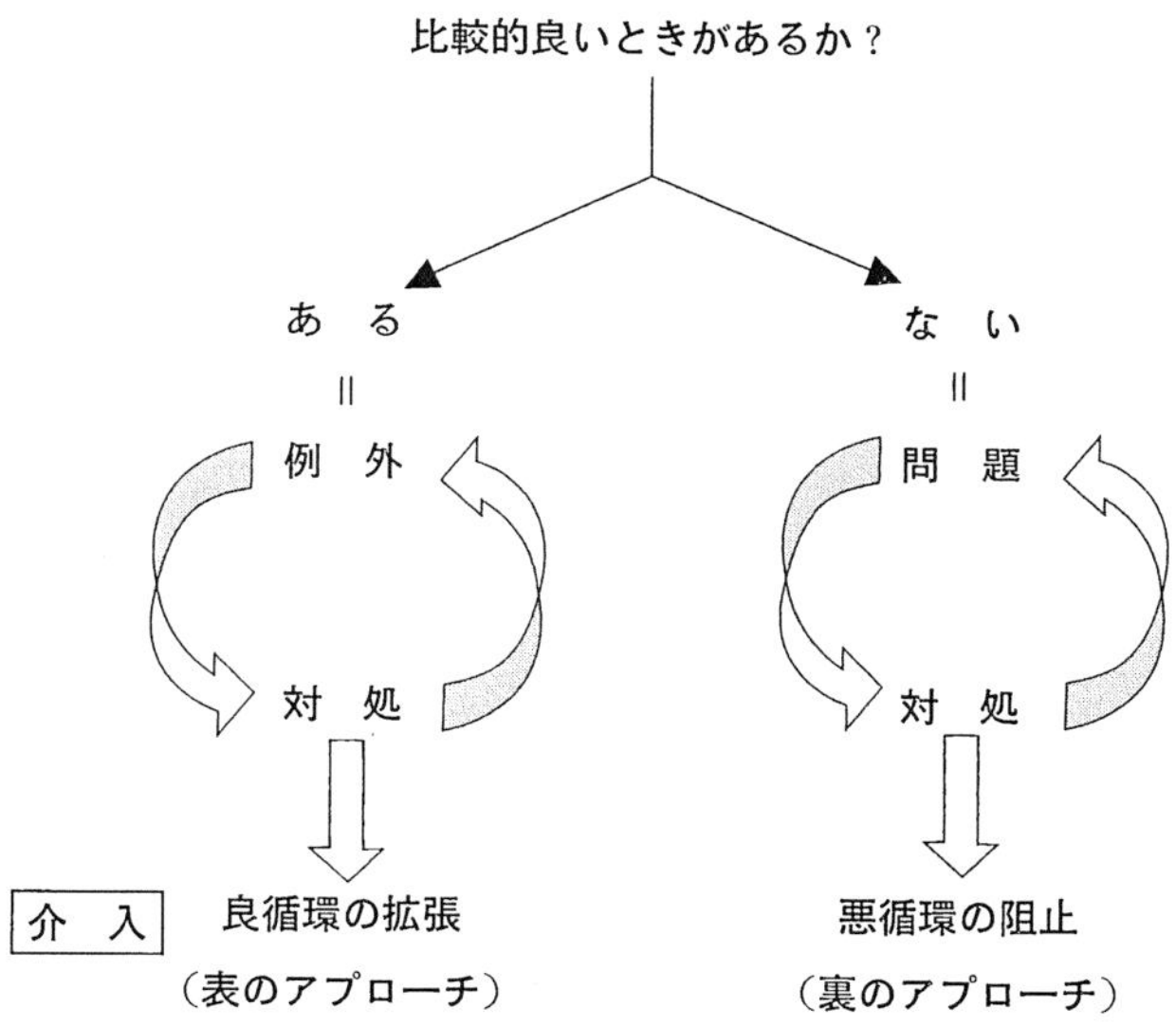

図１　二重記述モデル

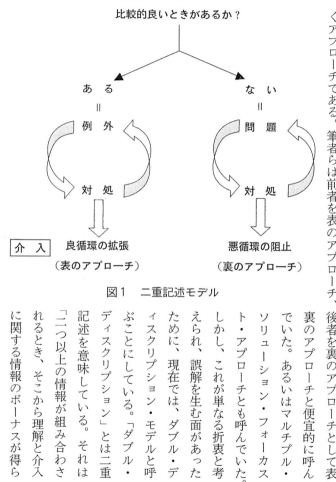

れること」を意味している。家族療法が生まれたＭＲＩの方法をベースにし、「問題が構成されないときの相互拘束パターン」と「問題を繰り返し構成する相互拘束パターン」を同時に記述し、両面から同時に介入をこころみる方法の実践である。単一の方法でのアプローチよりもこのベイトソンのいうダブル・ディスクリプティブな記述を基に介入を計画するほうがより現実的で時間を短縮できることを確認している。具体的には図１の手順を毎回繰り返すことである。

つまり“What's better and attempted what?”と問う感覚である。来談とこれまでの努力への「ねぎらい」から始め、「ところで比較的よいときは、少しでも？」と探ると同時に「どんな対処をなさってきたのですか」と敬意を込めて、しかし必要以上の時間はかけないで面接を進めるのである。これでＢＦＴＣモデル単一のアプローチよりも問題が立体的につかめ、かつ終結までの時間が短縮できる。

解決像の二重記述

二重記述による問題像の立体化から

事例25　今度の問題が解決したら離婚も考えています！

中学生の息子の非行問題で来談した。セラピストの質問に、母は「今度の問題が解決したら離婚も考えています。夫はいつも問題から逃げています。子どもの叱り役はいつも私です」と確信したかのように訴える。夫に同じ質問を向けると「私なりに努力している。今は言っても無駄なんです」と反論する。

夫の言動は説得力がない。が、同じ男性のセラピストとしては共感できるところもある。それは「今は言っても無駄なんだ」という点。この言動には「半端なことばぐらいじゃ子どもは動かない」という思いが感じられて共感するのである。

ここでセラピストは夫と妻、つまり問題の子どもの父と母の言動を「同じ問題のみかたの違い」だと考えてみる。つまり同じ問題を異なった視点から見た記述だと考えてみるのである。もちろん誤りもあるだろうが、正しい面もあるはずだ。それぞれ断片的であろうが、いずれも正しい記述を含むと考えてみるのである。

この夫妻両者の主張を、いずれも正しい側面を含むと考えられれば、意見の対立も、問題の「真の姿」を示すという目的に貢献する「対立」となる。

さて、この「立体化」をいかに達成するか。それも可能な限り家族自身に自発的にそれを達成せしめるか？　介入の形で示したい。

▩介入▩　認知面の正誤ではなく、動機を最大限に評価するところから

セラピスト：お父さん、お母さん、お二人とも子どもさんの問題ではとても真剣で愛情を感じます。お父さんは父親らしい愛情を、お母さんは女性らしい母らしい愛情を――！

意見の対立を、問題の「真の姿」を示すという目的に貢献する「対立」に変化させる。それも可能な限り自発的にそれを達成せしめるか？　それを短く、いわば効率よく達成する道は、父母それぞれの視点の相違による認知内容の肯定ではなく、父母の動機、努力といった、いわば心のエネルギー面を肯定するのが出発点である。

筆者はこの方法を、故・国谷誠朗博士からリフレーミング技法のひとつとして、最初に教えていただいたが、じつに汎用性があり、技法としての単なるリフレーミングを大きく超えるものがあるようにずっと感じてきた。なぜ汎用性があると感じたのか？　少し論じてみたい。

システム論がねらったこと

たぶん、このあたりがブリーフセラピーの出発点になった「システム論」が説明しようとしてきたところではないかと思う。人を動かすものは認知だけでもなければ、感情・動機だけでもない。また個人の意思というものだけでもない。人は自分の利益をこえて他者のためにも動くのである。もちろんきわめて個人的な利益のためにも動く。

これらは一定の自立性をもちながら相互に依存している。つまり個人の認知を変えるためには認知そのものを扱わなくても、その動機・感情に働きかければいいということである。また個人を動かすためには、その個人そのものに働きかけなくても彼を囲む他者に働きかければいいということである。後者についてはわかりやすい例を示そう。

事例26　人を動かすのにその人自身に働きかける必要はないということ

中学生の担任。受け持ちのクラスに、理由は不明であるが、あらかじめ自分に敵意をもつかのようにそらぞらしい態度を見せる者がいる。担任としては問題を解こうとして生徒に働きかけようとする。すると生徒は逃げたり、反対にますます敵意を向けてくるかのように見える。さて、どうする？

介入

精神分析の理論でいえば、「感情転移」であろう。たぶん生徒が過去に体験した悪感情を、どこか似ている担任に無意識に向けているのであろう。これを解くのに生徒に会っての分析はできないことが多い。そこで、システム論を活用して、たとえば、その生徒の親しい友人に働きかける。たとえば友人に生徒のよいところをそっとほめておく。そのほうがずっと効率的である。やがて生徒が心を解いてくることが多いのである。

個人システム内の相互依存性を強調したのは、あまり知られていないが、論理療法のアルバート・エリス博士である。彼は一九九八年八月の、私たちによる二回目の招聘時に、従来のＲＥＴにＢつまり「behavior」を加えて Rational emotive behavior therapy、略して「ＲＥＢＴ」という名称に変更した。

高齢になってからの名称の変更に國分康孝博士や招聘者である筆者らはおどろいたものであるが、つまり彼は認知と感情と行動のシステミックな依存性を大きく打ち出したのである。個人内の認知を変えるのに情動からでも行動からでも変え得る、としたのである。従来の、「認知を変えることで行動や感情が変わる」という主張に大きな変更を加えた。この点は案外、見落とされているが、エリス博士の次の主張で理解できるであろう。

「彼にとって問題だと思われる状況でいつもと違う行動をとりつづけさせてみる。すると認知も変わる」。

現在、ブリーフセラピーの理論的な根拠をその出発点になったシステム論に代えて、ナラティブ（物語）論を活用する傾向があるが、これはブリーフセラピーをわかりやすいものにする反面、「認知論」のみに傾斜する欠点がある。

システム論は認知も情動も行動も、そして個人を超えた力さえも活用しようとした理論である。いわば「ダイナミックで相互依存的な何でもあり」の統合的な理論を目指したともいえないことはない。筆者らはこのスピリットを忘れないでいきたいと思っている。

解決像の二重記述へ!

前述したことが理解できれば、当然以下のようなアプローチの姿勢も理解できるだろう。問題ではなく、「解決像の二重記述」である。

事例27　息子が家で暴れます

おとなしそうな母親が訴える。「中学生の息子が家で暴れます。私や弟にあたります」。

ここでカウンセラーは「比較的おとなしいとき、お父さん、お母さんの言うことをきくときはないですか、ほんのちょっとでも?」と問題に対する例外を探る。

父母:私たちが何も要求せず、したいままにさせているときです。

カウンセラー:お父さん、お母さんがふつうになさってても比較的落ち着いているときでありませんか?

父母:はい——。

と、多くはここで行き詰まる。

こんなとき、スケーリング（尺度化）を用いたり、ミラクルクエスチョン（奇跡の質問）をしたりすることで、なんとしても例外を得ようと努力する。しかしそのことが悪循環になる事例をよく見るようになった。事例といっても事例検討場面でのコンサルテーションをしているときにである。

「指導者」といわれるクラスのカウンセラーでも、四苦八苦しているのを見ることがある。クライアントに「あの先生はいつも『よいときはないですか？』と聞いてくるけど、そんなことがいつもあるなら来ないわよ」といった批判をされているのを見ることがあるのである。

これはまさにブリーフセラピーの出発点になったＭＲＩアプローチの主張する問題と解決との逆説／パラドックスである。

こんなとき筆者らは、さっさとアプローチを変えてしまう。Do different 介入にである。前述は例外／良循環を探った。今度は悪循環／偽の解決努力を探るのである。

■介入■　解決像の二重記述

「比較的お父さんお母さんの言うことをきくときは今後も探していただくとして、ところで、お子さんが暴れるとき、お母さんはどう対応なさっていることが多いでしょうか？　ごきょうだいへの暴力があったとき、お父さんは帰宅されてからどうされていますか？　また、お兄さんが暴れるとき、当の被害者の弟さんはどうされていますか？」

ここでは“What's better?”と例外の探索から始めて、それが見つからないときに、いままでの解決努力を探り、それとは異なる対処行動を介入として提示するというアルゴリズム様の記述順序になっているが、実際の事例では両者を同時に進める。

つまり、“What's better and attempted what?”と問う感覚である。来談とこれまでの努力への「ねぎらい」から始め、「ところで比較的よいときは、少しでも？」と探ると同時に、「どんな対処をなさってきたのですか」と敬意を込めて、しかし必要以上の時間はかけないで面接を進めるのである。これでＢＦＴＣモデル単一のアプローチよりも問題が立体的につかめ、かつ終結までの時間が短縮できる。

筆者らはつねに同一の問題にこの両者の視点を重ねて、その「解決像を立体化」する。ベイトソンの叙法にならってダブル・ディスクリプション、解決の二重記述モデルと呼んでいる。

第5章

人生の物語を書き換える

——ナラティブセラピー——

ナラティブセラピーとは

物語る

『物語る』とは、生活上に生起した複数のエピソードを筋立てて語ろうとする誰もがもつ心理的な傾向をいう。ナラティブセラピー（物語療法）とはそのことを出発点にする」。

物語療法の出発点は精神分析だといってよい。残念ながらブリーフセラピーでも家族療法でもない。筆者はもともと精神分析を出自とするので、このことはとてもよくわかる。

そして、この点について精神分析という個人へのアプローチを家族へ拡大しようとするとき、さらに都合がいいものが生まれてくるのである。それは、ときに精神分析の援助上の効果を凌駕してしまうほどである。

人は「物語る傾向」をこころの基本的な性質のひとつとしてもっている。かつてゲシュタルト心理学が明らかにしたことがある。こころの基本性質とは、「よい形」へまとまろうとすることである。それと同じようないいかたで、こころには人生上の事件を「筋立て」ようとする性質があるとして出発するのがナラティブセラピーのベースということになる。

事例28　夫はひとりっ子で育ちました

「夫はいつも問題から逃げています。夫はひとりっ子で育ち、多くの兄妹の中で育った私とは結婚したころから考えかたに違いがありました。それに長男が高校にあがるころまで私もずっと働いていましたし、手がかけられませんでした。子どもらの問題はその報いだとも思っています」。

高校生の娘の問題と中学生の息子の非行問題で来談した母の発言である。そして「離婚も考えています」と決心の堅固さを感じさせる語調で述べる。

筋立てる。どうしても人は筋立てるのである。実際には偶然の積み重ねかもしれないのに人は筋立てるのである。このこころの性質を示すものとして「筋立てる」という日本語は適していると感じる。このことばは、やまだようこやサトウタツヤ、麻生武といった発達心理学領域で質的研究を活性化させたいと願う心理学者の間で言われだした。うまく言っていると思う。かつて

「見立てる」という概念が知能の発達を中心にした幼児の心性を説明する重要なものとして注目されたことがある。それにも関連して、ナイス、とてもいい！　と筆者は感じる。

ファンタジー

ナラティブセラピーの出発点は精神分析だといってよい、残念ながらブリーフセラピーでも家族療法でもない、と前述した。そのことを説明したい。

Ｓ・フロイトの精神分析学の出発点を示す一九〇〇年にウィーンで刊行された『夢の解釈』で、フロイトは夢の顕在的な意味と潜在的な意味の違いを指摘し、夢の解釈とは前者から後者を見いだしてゆくこととしたのである。あれから一世紀、一〇〇年以上がきっちりと経った。

精神分析の領域でこんなことが指摘された。

顕在夢、つまり実際に就眠中にみられた夢について考えてみよう。つまり夢は日常に起きた事件、それは大きなものから小さいもの、断片的なものから全体的なものまでを勝手につないでひとつのストーリーをつくっているということである。勝手につくって見せてくれるのである。それはまるで無意識の自分がディレクターになって元々は別々の事件をつないでゆく。このことが指摘されたのは比較的、最近である。つまりフロイトは夢の性質について、短縮、歪曲、抑圧、類似などなど、自身が事細かに指摘しているが、大きな事実、つまり「物語る」こと自体についての言及と、そのメタ性質を深める方向での理論構成はしなかったのである。

そして夢の解釈。それはこの無意識のディレクターを見いだしてゆく作業である。しかしそれはそれでまた別のストーリーメイクの作業ともいえると指摘するのである。つまり、顕在、潜在いずれにしても「物語」をつくっているわけである。

現実度つまりリアリティへの適合度に差はあるだろう。しかし一〇〇％現実そのものということはない。精神分析はそんな認識論を究極のところでもっている。だからこころとはどこかでファンタジックな性質をもっていると主張する。こころの基本性質のひとつはファンタジックなものであるというわけである。

精神分析とはつまりこのファンタジーの分析のことであると言ってよい。しかし分析結果もまたファンタジーだという認識が最近の精神分析で強調されるようになってきたのである。構成主義の立場をとる筆者は、それには大賛成である。

物語を書き直す

事例28に話を戻そう。

そうですか——あなたはご自分が手を抜いた報いだと思ってらっしゃるんですね——

そうですか——ひとりっ子で育ったご主人は父である以上、強くなくてはならない、英語でいう"must"であるべきと考えてらっしゃるんですね。少なくとも子どもさんに対しては男らしく父らしく強く言うべきだと——

そうですか——そんななかでもよくやってこられた。どんなふうにお母さんもお父さんもなさってこられたのですか——

そうですか——どうぞつづけて思いつくことをことばにしてみてください。壁に向いたまま私のほうは見なくていいですよ。——その男らしくないお父さんと息子さん、似たところがないですか？　どうぞ思いつくことをしゃべってください——

これがこの物語を書き直すいくつかの方法の具体例である。右から、受容的方法、論理療法、解決志向的方法、分析的方法である。どれかが正しくてどれかが間違っている、とは筆者は考えない。狭義にいえば上記の介入的発言のうち三番目、「そうですか——そんななかでもよくやってこられた。どんなふうにお母さんもお父さんもなさってこられたのですか――」が解決志向短期療法のアプローチであるが、本来は決してそんなものだけをブリーフセラピーといったのではない。そんな狭いもんではおませんのです。ブリーフセラピーはちっちゃくはないのである！

ぐるぐる回りの物語

ブリーフセラピーは一九六〇年代に米国のＭＲＩ（メンタル・リサーチ・インスティチュート）で生まれたことは、これまでに何度も強調した。筆者らが一九八六年にはじめて紹介したＢＦＴＣ（ブリーフ・ファミリー・セラピー・センター）が先では決してない。ＭＲＩではそもそも上記のような物語、つまり「問題の物語」は次のような機序で生み出されると考える。

「家族は家族なりの問題の原因推定とそこから直線的に演繹される解決努力を不満と悲嘆を交えて語ろうとする」。

これはブリーフセラピーの実質的な生みの親といってよいジョン・ウイークランドが描く図に示される。家族によっては、この「ぐるぐる回りの物語」を延々と物語る（図２参照）。

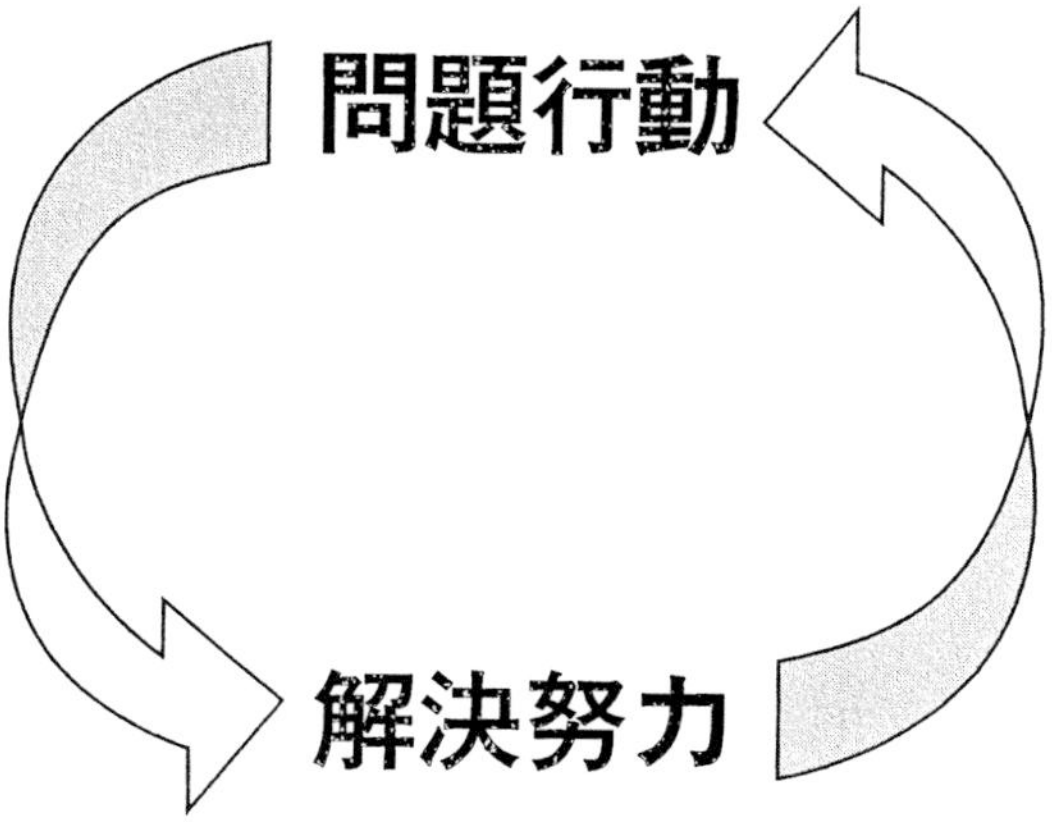

図2　ぐるぐる回りの物語
（ウィークランド，1984）

最後に、もうひとつ事例を紹介しよう。家庭内暴力の高校生の問題である。問題の物語の機序が見てとれないだろうか。

事例29　母が語る息子の暴力の物語

夫の父は厳しい人ですが、そのお父さんもまた地元の名士でした。議員を何期もつとめました。奥さんは苦労なさったそうです。女性関係です、当時のことですから。その方、つまり曾おじいさんに夫は似ていると、夫の父は言います。私は女の顔を見たことがあるんです、下品な顔！　子どもはそんな夫に反抗しているようにも見えます。私は子どもにはそんな男性になってほしくないと一生懸命に教育してきたつもりですが、こんなことに。私の実家は、田舎でお金はありませんが、教育はつけてくれました。もともと父方は県外で……云々。

さて、この「問題の物語」をどう書き直すか？　ひとつは、この解決への努力を阻止してそれ以外のことをなさしめるのである。すると先ほどの例はすべてその逆行であるとわかる。つまりメタ位置から見れば、上記のどの方法もが短期療法的介入ということになる。解決志向的なアプローチもそのひとつにすぎないのである！

ブリーフセラピーの物語論

事例30　不眠症の男性

不眠症で悩む男性。カウンセラーが眠るためにいままで何をしてきたかを聞くと、酒を飲む、運動をする、羊の数を数える、自己催眠など「あらゆることをためしてみたが、眠れなかった」という。

さて、この「問題の物語」をどう書き直すのか？　狭義のブリーフセラピーでは、「解決への努力を阻止する」と述べたが、この「阻止の方法」にわれわれは二つほどの方法をもち、それらを同時適用する。

(1) その解決策とは一度、反対のことを考えてみる。不眠気味でなんとしても眠ろうと努力している者には、むしろもう「眠らない」ことを処方する。たとえば眠らないで彼が最もやりたい、やりたかったことを、その眠れない夜に、眠らないで遂行することを勧める。ある事例では、若いころ作家志望だったクライアントに自伝の執筆を勧め、改善を早期に得た。

(2) いまひとつの方法は、うまくいっているときを探し出しその生起条件を繰り返させる。われわれなら上記の問題について上記の手続きと同時にその記述を進める。例外像の記述である。つまり比較的眠れたときを探すのである、それを顕微鏡で探すように探す。すると、「与えられた期間内ではとてもできないような仕事や課題を前にしたときはむしろ眠れる」ことを見いだした。この例外像を得たことで(1)の介入の成功確率はきわめて高くなったわけでもある。

(3) そこでわれわれは、(1)と(2)を二重に組み合わせて、自信をもって以下の課題を勧めることになる。もちろんこの自信は表面には出さないで処方する。反対に事例によっては、パラ言語に「自信なさ」を込めて提案することもある。今後の面接において、治療的な二重拘束状況を構築するためである。さて提案する課題は以下である。

「できるだけ大部の自伝をノルマを決めてゆっくり書きあげる」。

リアリティ——第二種現実

「悩める現実」についてMRIのポール・ワツラウイック博士は、「第一種現実と第二種現実」という概念で説明する。

「悩めるわれわれ」がいるとして、実際にそのきっかけになったマテリアル（素材）は存在するのであろう。これを第一種現実と呼ぶ。そこへわれわれは推量や意味づけ、また自分なりの解決をこころみ挫折を繰り返し、「大問題」を構成（コンストラクト）することになる。家族によっては、やがてカウンセリングにまで出向く。問題は、この時点でさらに複雑でややこしいものになってしまっていることが多い。この家族が自らつくりだし反応している世界、現実を「第二種現実」もしくは「第二次現実」と呼ぶ。

われわれはマテリアルそのものではなく、それらをつなぎ、意味を付与した第二種現実に反応するのである。第二種現実を自ら構築しながらそれにも反応する。悪循環である。

われわれの住む世界は素材そのものの世界ではない。

「家族は家族なりの問題の推定原因とそこから直線的に演繹されるこれまでの努力を不満と悲嘆を交えて語ろうとする」。

物語療法の弱点

「第二種現実」という概念はいわばブリーフセラピーの物語論である。われわれは不幸が生起したときに実際以上の不幸をそこに読んでしまうことがある、つまり「物語る傾向」があるのである。たまたままた悪いことが起きたとき、人によっては「いよいよ神様に見放されたな」と観念する。あるいは反対に実際以上に軽く読んでしまう。実際には偶然の重なりにすぎなかったり、あるいは自分を超えた客体側の連動を無視しているのかもしれないのである。そこでブリーフセラピストが最初にやる作業のひとつは、意味づけや憶測を排し、といっても表面上は受け入れながら具体的な行動と言動を拾い出して、相互拘束の状況を描き出す。

この第二種現実という概念は注意深い概念である。マテリアルの世界など存在しないのであるといった哲学的な大問題の議論への深入りを、現実的な学問であるべき心理学者としては注意深く避けたいのである。

昨今の物語論はその点でやや一挙に観念論的なものになっていると感じる。まるで会話と言語だけで世界が成立しているかのような、哲学的に見えながら、じつは最も哲学的でない態度である。そんな議論を避けるためにワツラウイックは、二つの現実を便宜的に想定し、われわれが住む世界は後者であると述べたのである。そこでは後期のL・J・J・ウィトゲンシュタインのいう「意味とは行動である」といった哲学上の徹底的な反省をうまく内包しようとしている。

一般に昨今のナラティブセラピーの弱点はここである。ここでは一挙に、会話と言語と意味の観念論的な世界観に跳びかねない。そして介入は、ときに長ったらしくもどかしいものになり、われわれの「ブリーフの精神」からは遠いものになることがある。

事例31　あるナラティブセラピストの失敗事例

「クラスのみんなが私を無視する」と訴える女子中学生。机や靴箱に「死ね」、「くさい」、「学校をやめろ！」と手紙を入れられる。そして当人は「もう学校へ行きたくない」と訴える。よくみられるパターンである。ナラティブセラピストを自称する、あるセラピストは、ここで「あなたはよくいじめにあうようだが――」と話をすすめ、うなずいたクライアントに「そのいじめられやすい自分の中の性質をラレオさんと呼びませんか」と外在化した。そして「ラレオさんがいじめに勝つときはないでしょうか？」「ラレオさんに勝たせる方法を探しませんか」とつづけ、しゃべろうとしないクライアントを我慢強く待ちながら次回の面接日を決めた。この間約二時間をかけたという。

次回の面接日に当人は現れなかった。担任に問うと、もう四日、学校を休んでいると報告があった。

この事例が失敗に終わったのは、ナラティブセラピーのひとつであるナラティブ・アプローチそのもののせいではない。むしろ面接手順は標準以上であると感じる。敗因について筆者はナラティブ・アプローチの背景に隠れている、「当人を含むシステム」全体への介入という視点を欠きやすいところがそのひとつと考える。

一般に最近のナラティブセラピーや、誤解の多い呼び名だが「ポストモダン・アプローチ」は、セラピストとクライアントという文字通りの個人療法的な設定でことを運ぼうとする。

個人療法に見えてシステムへ介入するといったシステミックな家族療法の遺産をやすやすと捨ててしまっているように見える。それはホワイトらの創始になる家族療法でのナラティブ・アプローチと伝統的な精神分析的なそれとの混同もある。

介入

同様の問題への筆者らの成功例のひとつはこうである。これは第1章で示した事例5でもある。

靴への置き手紙のことを聞いてすぐに介入した。先生の靴箱と当人の靴箱をしばらく取り替えてもらった。つまり当人の靴箱に明らかに先生のものとわかる大人の靴をしばらく入れてもらったのである。それで、手紙はなくなり、他のいじめも減じた。

この成功はいったいなんであろう。もちろん、いじめの深刻さに違いがあったのかもしれない。しかし比較できる限りで、成功の差異を見つけるとすれば以下のことは言えるだろう。

(1)　ここでは、いじめっ子、いじめられっ子、先生、傍観者という四者からなるように見える学級システムへ介入したのである。つまり、いじめが先生にはわからない隠れた状況下で生起しやすいことを逆手にとっている。先生の靴箱と交換することで「先生にばれている」というメッセージを暗に伝え得たのである。生起しているコンテキスト（文脈）を利用してテキスト（メッセージ）のいわば裏側の意味を付与したのである。

(2)　クライアントにいわゆる「言語化」を強いないで、かつ、いじめっ子側に効くように介入している。先の失敗事例はどちらかというと、いじめられっ子側にばかり介入をしている。つまり個人ではなく学級システムに非言語で介入したのである。

外在化技法

物語は家族の中でこそ一挙に書き換えうる！

ナラティブセラピー（物語療法）の出発点は、残念ながらブリーフセラピーでも家族療法でもなく、精神分析だといってよいと何度も強調させていただいた。

しかし、この点については精神分析という徹底した個人へのアプローチを家族へ拡大しようとするとき、さらに都合がいいものが生まれてくる。ときに精神分析の援助上の効果をはるかに凌駕してしまうことがあるとも強調した。つまり、物語は家族の中でこそ一挙に書き換えうる！と主張したいのである。

事例32　小学三年生の不登校の女子、過敏性腸症候群という診断

本人に、登校への意思があるようなので、登校に焦点をあてず、「おなかのことをがんばろう

ね」と目標を定めた。ここから「外在化」とＭ・ホワイトが名づけた技法を用いてセラピーを開始する。

カウンセラー：お父さんとお母さんは何がこうさせているとお考えですか。
父：――なまけだと思います。
父親の原因帰属は、本人の「性格」と「なまけ」である。
母：以前からこうで、学校に行きたくなかったり、何かあるとこうなります。
カウンセラー：（子どもに向かって）おなかがグルグルするんだね。
（子ども、うなずく）

つづけて「いまは痛いか？」と問うと首を振り、痛くないと告げる。父母が述べる子ども像よりもカウンセラーにはしっかりしている印象を与える。ことばは少ないが、受け応えがはっきりしているのである。出張が多い夫に関する母の評価は高くない。

このあと来歴などいくつかの質問をつづける。ここではとうぜん、家族なりの「問題の物語」を聴取することになる。子どもの発達過程、父母のかかわりによる子どもの性格、父の子どもへの期待と挫折気味の印象、子どもから見た父母の関係云々である。

しばらくしてカウンセラーはいったん面接室を退出し、面接のスタッフと相談をして戻る。相談の中心は家族の語る「問題の物語」からいかに「解決の物語」に移行しうるかという点である。ホワイトは同じことを「ドミナントストーリー」の書き換えと呼ぶ。ここでは「外在化」という技法を活用することにした。父母が問題の原因を、自分たちの側よりも子ども自身の側に置いているように見えたからである。こんなとき「外在化」の技法はすこぶる役に立つ。

さてカウンセラーは再び面接室へ戻る。このとき小さなぬいぐるみを二つ持って入る。ひとつは虫歯予防の宣伝用であろう角の生えた「ばい菌」のぬいぐるみである。いまひとつは月よりの戦士「セーラームーン」の人形である。

カウンセラー：○○ちゃんの問題は、おなかの中に住んでる心配虫君のせいだと先生は思うよ（とばい菌の人形を差し出しながら話す）。

（子ども、少しニコッとしてうなずく。父母は笑っている）

カウンセラー：○○ちゃんとお父さんお母さん、三人でこの心配虫君に名前をつけようね、なんて呼ぼうか？

（子どもと父母は考える。楽しそうにも見える）

カウンセラー：じゃあ○○ちゃんの名前をもらってトモキンと呼ぶか？（本名はトモコであ

る）

子：（ニコッと笑いうなずく。父母も笑っている）

命名は子どもに視覚的に印象深く、そして語呂がおもしろい名前がいい。

カウンセラー：先生、トモキンに聞きたいことがあるんだ。君はどんなときに○○ちゃんのおなかで暴れるの？　○○ちゃん、お父さん、お母さん誰でもいいから、わかった人からトモキンになって先生に教えて！

父：学校へ行きたくないときだよなー。

子：（ちがうと首を振る）

母：学校は行きたいんだものね。

子：（うなずく）

カウンセラー：じゃあね今度はトモキンはどんなときに、このセーラームーンに負けるの？負けたときはある？（セーラームーンを子どもに差し出しながらたずねる）

（子どもと父母、少し考え込んだ様子の後に）

母：そういえば行けたときもあったよ、おなか痛くても。あのときお父さんも早く帰ってきてくれたし（などの「例外」が見つかる）。

ここでカウンセラーは二つの人形を手にしてセーラームーンが勝った状態を演じてみせる。つまり戦闘の後、トモキンに馬乗りになり勝利を告げる。そして「トモキンに勝った、どんな気持ち？」と問う。すると子どもは「いい気持ち」であることを明快に答えた。

ここまでで介入の主なるものは決定した。以下が介入である。

■介入■

同様の人形を用意して、夕食後、三人で可能な限り人形で遊ぶ。セーラームーンが勝つまで遊ぶ。

一か月後、子どもはすでに再登校を始めていた。三人での遊びは父がいるときはつづけているとの報告であった。母の父への評価は高くなっていた。

この成功事例の成果はなんであろうか？

マイケル・ホワイトのナラティブセラピー

マイケル・ホワイト、この人が現在流行のナラティブセラピーの立役者のひとりである。彼は筆者と同世代で、専門誌にグレゴリー・ベイトソンの思想を背景にした事例と治療論をよく書いていた。日本のブリーフセラピストのひとりとしてシステミックな家族療法の全盛時代を生きた筆者も、ベイトソンの思想に大きな影響を受けていて、そのことで注目していた。「ベイトソンの読みかたにこうもあるなあ」ということである。彼がオーストラリアという、どちらかというとこの分野の辺境で地道に活躍していたのにも好感がもてた。

そのホワイトの治療論を世に出すに力があったひとりはカナダの家族療法家、カール・トム博士である。カール・トムは、かつてS・ド・シェーザーの研究所にも来ていて、ド・シェーザーの研究所で、その講演のビデオをすでに一九八〇年代に見たことがある。トム博士は「外在化」と並んで「内在化」についても強調する、柔軟な頭脳をもつ学究である。「外在化」とは個体内にあると見られる問題を、個体の外側つまり対人間に存在するものとしてしまう一種のリフレーム作業である。筆者もまたこのトム博士の主張に賛同する者である。それで、前述の事例に関連して次のようにいえるだろう。

「外在化という技法自体は別にホワイトの発明ではない。これは徹底した個人療法のひとつであるゲシュタルト療法や、さらに古くはサイコドラマで多用されるものである。ホワイトの業績はその方法で一挙に、かつ比較的穏やかに家族の相互作用を変える道を見つけたことである」。

外在化技法自体は家族の相互作用を変えるための一技法であって、場合によっては「内在化」だって有効なのである。そのことを理解しないと前節に紹介した自称ナラティブセラピストの失敗を繰り返すことにもなる（事例31）。またホワイト自身は外在化によって精神障害者がよく会う社会的なスティグマ（差別）を実は社会的な構成物だと主張したいのだと思う。

こうとらえて事例32を見直したい。するとこの人形を用意して「三人で遊ぶ」という一見単純な介入と外在化技法は、面接過程と課題の中にシステム論に則ったはなばなしかった家族療法全盛時代を生きた者が当時の極上の遺産をうまく活用している技法であることに気づく。

ラディカル・ナラティブセラピー

ナラティブセラピーが隆盛を見せている意味はもうひとつある。技法を超えた思想的な面である。誤解を恐れずにわかりやすくいうなら、一律の権威的文化に代わる「文化的な多元主義」の強調である。

「人は自分たちでつくりあげた物語の中で喜び、悲しみ、生き、悩む。その物語の書き手も書き換え手も自分たちである。書き換え手、それはかつては呪術家であり宗教家であった」。

上記は比較文化的な考察をすれば容易に理解できよう。ある文化では蛸は魔物であるが日本ではおいしい食べ物である。イナゴやカエル、スッポンについてもいえる。「げんかつぎ」や「ことわざ」についても同じことがいえる。現在でもアジアのある文化圏では聖人が亡くなると宗教的な意味での「食人」が現存すると報告されている。彼らは聖者の死体を一部ではなく全部をきれいさっぱり食べてしまう。

ＭＲＩで開催された、ある研究的なナラティブセラピーの会で興味深い宗教儀式を見聞したセラピストの報告がある（ＩＴＣインターネットジャーナル「Under Construction」http://www.solution.gr.jp/unco.html）。ラディカルな（徹底した）ナラティブセラピストなら、このようなセラピーのありかたも認めることになる。

第6章

仮定・仮構が現実を動かす

——徹底した相互作用論で解決法を発見

相互作用論的に問題を見てみる

ブリーフセラピーは一九六〇年代にＭＲＩ（メンタル・リサーチ・インスティチュート）内のプロジェクトとして生まれたことはすでに紹介した。そして「ブリーフセラピー」と命名したのがＭＲＩのリチャード・フィッシュ博士であることも紹介した。ところでこの命名者たちにブリーフセラピーの特徴をひとことであげるとすればと問えば、どう答えるであろうか？

「インタラクショナル・ビュー（interactional view）つまり相互作用論的なものの見方にもとづく方法であることがその答えである」。

事例33　問題の子どもに何も言ってくれないだめな夫

妻は、しかたがないから自分が子どもに口やかましく言うしかないと訴える。

この「問題」を夫のパーソナリティや性格の問題にしてしまうと解決はむずかしくなってしまう。インタラクショナル・ビュー、相互作用論的なみかたで見てみよう。たとえばこうである、

――「何も言ってくれないだめな夫」という「存在」は、代わりに口やかましくたくましい妻を出現させ、それがゆえに、夫はますますものを言わず、なぜなら妻が言ってくれるから、また子どもはそんなうるさい母に反発するという家族の「現実」をつくりあげている――と考えてみるのである。

「――と考えてみるのである」と強調した。仮にそのように考えてみる、すると現実の困難な問題の解き口が見つかる。仮が現実を解く！　これは少し突っ込んで考えてみると哲学的な問題を含む。つまり仮構が現実を動かすという問題である。が、ここでは以下のことを指摘するだけにして深入りをやめておこう。

「それはP・ワツラウイックがあげる『バイヒンガー博士のas ifの哲学』のテーマであり、この問題がそもそも、この分野における構成主義哲学の出発点のひとつになっていったということである」。

キーニーとデル

相互作用的に考えてみるとはいったが、慣れないと、あるいは慣れていても、うっかりすると非相互作用的に、つまり「直線的因果律」にもとづいて考えてしまう。

私たちはそのように考えるように教育され、そう考えることが良しとされているのである。したがって一般にもまた科学の世界においてすら非相互作用的な臨床理論は枚挙にいとまがないほどである。この問題を扱った臨床家に、B・キーニーという天才とP・デルという秀才がいる。キーニー理論のわが国への紹介者である亀口憲治の説明を引こう。

「家族療法の分野では、キーニー（Keeney, B.）が直線的因果律の不適切性を痛烈に糾弾し、それとは異なる因果律にもとづく認識論（円環的認識論、サイバネティック認識論、生態システム的認識論など）の必要性を主張した。つまり、直線的認識論では、ものごとの原因と結果が一方向的に並び、決して起点に戻らないことを原則としている。これは、伝統的な個人療法が過去に生じた心理的出来事を原因として現在の症状が形成されているとみる見方と一致する。さらに、このようなものの考え方は、時間をさかのぼることはできないという誰しも納得する常識的な認識論とも合致する。それだけに、直線的因果律から抜け出ることは、セラピストにとっても容易な技ではない。いわゆる『母原病論』は、典型的な直線的因果律にもとづく病因論であるが、これに類した臨床的認識論は枚挙にいとまがないほどである」(「円環的認識論」『家族心理学事典』所収)。

さてインタラクショナル・ビューについてさらに深めておきたい。以下の事例を考えてみたい。

事例34　摂食障害に悩まされる家族

いま少女の拒食で悩まされている家族がいるとする。少女も含めて「考えられることは、すべてやってみたんですが、もうどうにもこうにもなりません」と訴える。ここで問題を娘のせいにしてしまうのはもちろん、よくあるように「母原病」説のごとくに、母の娘への態度のせいにするのもインタラクショナル・ビュー、つまり相互作用論的なもののみかたに一見似ているようでじつは大いに異なる。母は自分の「子育てに問題があった」と「反省しきりである」ことを何度もカウンセラーに訴える。

右記は相互作用的なみかたと、どう異なっているのか、ポール・デルの説明を聞きたい。ここでは家族療法の内部にも批判の矢を向けたきわめて厳密な議論がみられる。しかしそのことがここでのテーマである「インタラクショナル・ビュー」の中身をさらにうまく説明してくれる。亀口の解説をさらに引用する。

「デル（Dell, P.）は、既存の家族療法理論を検討するに当たって、ベイトソンの円環的認識論を忠実に用いたことで知られている。彼によれば、家族療法家はホメオスタシス（動的平衡）の概念に依存しすぎる傾向がある。例えば、『家族には症状が必要だ』とか、『症状は家族の動的平衡の維持に役立つ』などといった主張である。この種の表現には、システムのある部分（症状）と他の部分（家族）との間の二項対立（二元論）を想定している。

例えば、両親が自分たち夫婦の決定的な対立を避けるために、子どもの問題を『利用している』と、一面的にのみ解釈することは適切ではない。当のその青年が家を離れねばならない危険から自己を防衛するために両親の過保護を利用しているとも考えられる。また、その問題がなくなれば、母親（嫁）と夫の母親（姑）との間に何のつながりもなくなるかもしれない。あるいは、その問題のために頼り甲斐のある年長の兄が、家に引き止められているとも、あるいは、問題をかかえた青年が母親の最良の慰め役だとも考えられる。

このように、家族関係における因果の矢は、決して一方向にだけ向かうのではなく、視点を転じれば、あらゆる方向に向かっており、ある時間を経過すると相互に円環をなして始点に戻る性質がある。これは、家族という集団が他とは異なり、生存に直結する相互依存の側面を強く有していることと無縁ではない。したがって、家族関係の問題を直接に扱う家族療法にとって、円環的認識論の有用性は否定しがたいものとなっている」(「円環的認識論」『家族心理学事典』所収)。

ラディカル・インタラクショニズム

では、先ほどの事例33の介入を紹介しよう。

介入

夫に代わってがんばる妻に、なんらかの自然な理由を見つけて、ワツラウイック博士のいわゆる「手抜き処方」を遂行してもらった。ちょうど妻が二泊の町内会の旅行に出かけようかと迷っていたので、カウンセラーは勧める側で支援した。妻は、旅行の間、近所に住む祖母に子どもと夫のために三度三度の食事づくりを頼もうとした。すると夫は意外なことに「自分がやる」と申し出た。

妻が旅行を終えて帰宅すると、父と子どもで食事をつくって母を迎えてくれた。

徹底的に相互作用論的なみかたをしてみる。すると意外な解き口が見えてくる。後で紹介したいが、人が使う「物」や人が飼う「動物」に対してさえもそんなみかたをとってみる。そんなみかたをラディカルに徹底してとってみる、すると解決不能と思われていた問題が意外な展開をする。

つづいて事例34の介入を紹介しよう。

▨介入▨

カウンセラー：変わった質問と思われるかもしれませんが、娘さんの病気のお陰で、ご家族に何かメリットはないですか？　どんな小さなことでも。

母：（沈黙の後）夫が会社から早く帰るようになった。最近は夕食も一緒にとったことがなかったのに。

カウンセラー：それでお母様のお気持ちは？

母：うれしい。

カウンセラー：お父様は？

父：私も楽しい。

カウンセラー：（ジョークを込めて）お嬢さんは、うれしい、楽しい、苦しい？

本人：——うれしい。

さて、ここまでですでに「どうしようもない現実」は、少なくともその半面においては望ましい、うれしい「現実」に変わってしまっている。後はフィッシュ博士らのパラドキシカルな処方に従い、効果を得た。

「動物」や「物」まで相互作用論でみる——

徹底して相互作用的なみかたをとってみる

事例35　面目を失った犬好きの妻

ある「ドッグカフェ」に夫婦で入った。最近流行の犬を連れて入れる喫茶店である。犬好きの妻がせがんで買い物の帰りに夫婦で入ったのである。店では大きく立派なシベリアンハスキーを飼っていた。その犬が大の犬好きの妻に甘え寄ってくると期待していた。ところが妻には寄りつかず、犬好きではない夫に甘えてきた。妻は犬好きの面目をちょっと破られたような気もした。夫婦はそんな期待はずれにおどろくと同時に不思議な感じがした。

この事例は相互作用という視点の有効性をズバリと示してくれる。つまりこの犬、シベリアンハスキーの視点から見て、妻よりも夫のほうがヒエラルキーが上であると、見えたのであろう。ふつう、多くの哺乳類は自分自身、いやイヌン自身（笑）も含めヒエラルキーの高いほうに文字通りの尻尾を振るのである。つまり初めて見た夫婦の力関係を、犬は一瞬に嗅ぎ付け尾を振る行動をしたのである。

この後、夫は犬の頭をなでてやった。犬はおとなしくなでられていた。するとその後一切、妻には見向きもしないような行動をとった。妻はますます面目を失った。

なんだろうこれは？　ヒエラルキー上、犬は夫の次に位置してしまったのである。犬が力のある夫に寄る、夫がなでることで許容する。その「連合」が犬を妻よりも上の位置に置いてしまったのである。

ではこの問題、つまり妻の面目をほどこすことを目標とした介入は可能だろうか？

大いに可能であると、理論的にはいえる！　以下は犬の習性に詳しくない筆者の夢想的な介入である。現実には間違っている部分もあるだろう。しかし介入のいちいちを批判的にみたり検討してもらうのが目的ではない。ここで言いたいことは、インタラクショナルな、つまり相互作用的な問題のみかたと相互作用的な介入の考えかたの「原理」を示したいだけなのである。

▩介入▩　犬がつくったヒエラルキーを変えるには

1　寄ってきた犬を夫は甘えさせない

2　夫より妻が力があると、犬にわかる、つまり「犬の言語」を使って示す

筆者は残念ながら犬の習性には詳しくないが、他の哺乳類で「マウンティング・馬乗り」がヒエラルキーを示すのを見たことがある。それを直輸入するならば、実行可能な形で妻が夫にマウンティング様のことをし、犬に見せつければいいのかもしれない。あるいは妻が犬に直接それをする等々。

3　夫と妻が「連合」する

この介入も犬の習性を知る必要があるので想像するだけであるが、犬が夫に近づくときに犬を無視して妻の頭をなでる等々。2よりこちらのほうが実行しやすいかもしれない。

以上、三つの介入について犬好きの読者の方の実験報告を期待したいところである。

インダイレクト・ギフティング――「物」を相互作用の中で活用する

事例36　粗大ごみのように妻や娘に扱われる父親

いわゆる年ごろの娘さんや思春期真っ盛りの娘さんから相手にされなくて、どこか家の中で粗大ごみのように扱われる父親。父親を恋人のように慕った幼児期から成長するにつれて、娘が父親から離れていくのは世の父親が多かれ少なかれ体験するもののようだ。そこで酒を飲んだ勢いで娘にしつこく話しかけてまた嫌われる父親。

父親の側に立ってこの問題を解きたい。読者諸氏ならどうされるだろう？

私たちがよく使う手は以下の「間接贈答法」と名づけている方法である。

■介入■

その嫌われている娘に父親からなんらかのプレゼントをする。安いものでいい。ポイントは直接手渡さないで、妻つまり娘の母親から渡してもらう。たとえば「少し遅いお誕生祝い、お父さんから。直接あげるのは恥ずかしいって」と意味づけを込めて渡してもらう。まずプレゼントの二、三個目で娘は父親のほうを向いてくることが多い。

私たちはこの方法が良く効くので不思議に思っていた。その理由について以下のように考えるようになってきた。

(1)　まず最初は、女性は「物」に弱いがゆえと考えた。男性である筆者らはあながち、この説明も間違いではないと思っている。ただ適用範囲が狭いのである。つまり例外が多くなってきた。プレゼントとそれに添えるメッセージを工夫すると、男性でも十分使えることがわかってきたのである。

(2)　次には、プレゼントとはこころを伝える効果的なコミュニケーションの方法のひとつであるという理解である。これも有効である。「贈り物」の目的は本来こころを伝える方法である、それは古来より行われてきた強力な方法であるという説明である。とくに女性の間ではよく使用されている方法である。女子の幼児の遊びを観察していると、かなり早くから「贈り物ごっこ」が観察されることがあるくらいである。

(3)　さらにラディカルに考えてみる。それは次のようにまとめられる。

「この世に存在する事物は、つねに対人相互作用の網の目の中に置かれていて、人による意味付与と運動流通の過程の中にある。物自体のもつ意味が仮にあるとしても、それは相互作用の中で付与される意味と合わされて新しい意味をつねに生成している。人を動かすのはその全体としての意味である」。

ここから前述の介入の成功を説明すると適用範囲がじつに大きなものになる。いまスカーフを娘にプレゼントするとして、それも高級といわれるエルメスのそれ（じつは筆者はよく知らないが）として、それをなんとなく近寄りたくない父親から直接もらうのと、親しくよくしゃべる母親から「お父さん恥ずかしいんだって」というメッセージとともにそれをもらうのとでは、全体として生成される意味が異なる。また、いわば流通の経路も違う。

ブリーフの王道

相互作用的なみかたをすることでブリーフセラピーの理解が深まる

ここまでで「動物」や「物」さえもが、「インタラクショナル・ビュー」でみることができ、そうみることで、解決の見通しが得られなかった問題の解き口が見つかるということを、事例をあげて説明してきた。この相互作用論からみると流行の「外在化技法」も「解決志向ブリーフセラピー」もが、じつはその延長上にあり、「焼きなおし」とも見えることがわかる。またそうみることでブリーフセラピー全体の理解が深まるはずである。

事例37　ＳＦＡアプローチがうまくいかない

カウンセラー：そうですか、それでも、どこかにうまくいったときはないですか、いったいどうやってその苦難をのりきられたのですか？

クライアント：はい、こうして——ああして——、でも先生そんなことをこれまでに何度もきかれますが、うまくいくならこんなところへやってきません、いったい私はどうすればいいのですか！

これは実際に筆者が見かけたソリューション・フォーカスト・アプローチ（ＳＦＡ）の研修でのことである。これは「例外」を聞き出そうとすることが悪循環を形成してしまっている典型例である。

第4章でも述べたが、筆者らは二重記述モデルを採用し、こんな場合はさっさと、MRIのDo different介入に変えてしまう。もともと「例外」は、MRIのいう「ちょっと違った」ことを考える便法として生まれた経緯をもつ。ド・シェーザーは近著でこういう意味のことを言っている。

「実際のところ、今までと違ったことを行うという介入を案出するのはむずかしい、ましてやそれを教示するとなるとなおさらである。そこから例外を探すという方法に行き着いた」。

つまり、ド・シェーザーらは問題をインタラクショナルに見るというMRIアプローチの文脈上に、彼らのオリジナルな方法を加えたのである。だからそれがうまくいかないなら原点に戻れば良いだけのことである。私たちはさっさとMRIの方法に戻る。ところが、このSFA隆盛の現在、いつまでも、これにこだわりクライアントに叱られているケース、それは抵抗にあうというべきか、を見かけることが少なくない。私たちのことばでいえば、悪循環を切断する一種として「例外の Do more」がある、それがだめならもっと違うことをやればいいのである。

「腹痛をもたらす心因性のものを『困ったちゃん』と命名して椅子に座らせ、皆で退治の方法を考える。これはホワイトの『外在化』技法と呼ばれる。いったい、これはなんであろうか。じつは問題を徹底してインタラクショナル／相互作用的に見ようということを遂行する一方法にすぎないのである。相互作用的に問題を見ようという『相互作用的なみかた』のセッティングを遂行したのである」。

最近、筆者もシンポジストとして参加したブリーフセラピーの国際会議では、このＳＦＡのド・シェーザーも外在化のホワイトも、その若いころの写真を堂々と提示されて、ＭＲＩで生まれたブリーフセラピーが影響を与えたセラピストとして紹介されていた。一九六〇年代にブリーフセラピーはＭＲＩ研究所内で生まれた。そして内外に多大の影響を与え、多くの人材が育った。ド・シェーザーしかりホワイトしかりである。

「ＭＲＩアプローチをひとことでいうとすれば、徹底したインタラクショナル・ビュー／相互作用的みかたである。これこそ、筆者らの仲間がそう呼んだように、『ブリーフの王道』といってもよい！」

小さく、受け入れやすく、おもしろいこと！

最後に、全体のまとめとして三つのことを強調して終えたいと思う。三つとは、「構成主義」、「非言語の語用論」そして「ユーモア」である。

(1) 「強い父親」よりも父親像を母が「構成」してやること

このことを強調するために第2章の事例の再録をしてみる。

事例13　高校生の娘。母への暴言、暴力

摂食障害の女子にも共通によく見られる問題行動が主訴である。母にべったり依存しているかと思えば、自分の言うことが聞き入れられないと暴言を「吐く」。ときに母の腕を強くつねるなどの軽い暴力も伴う。父は「とてもやさしく」、父への暴力はない。しかし父は父で「本人が逆上しないように接している」というふうで、まるで「腫れ物にさわる」ように父母は娘に接している。

読者の皆さんはどう解決をされるだろうか？　妻は夫を責める。夫が子どもに強く言ってくれないためである。そして夫に強くなってほしいと望む。自身も努力する人がいる。が、あまり現実的でない。妻の夫像は「やさしすぎる」である。そこでセラピストが「そんなやさしいご主人だから、結婚なさったのでは？」といわば「突っ込む」と母は首肯した。

そんな無理なことをする必要はない。以下が筆者らの介入策である。

介入（以下、全体でワンセットの介入である）

1　母が父のやさしさの裏側の厳しさを娘に伝える。たとえば「子どものころ病弱のお前を体を張って守ったのはお父さんよ」。

2　父が母を子どものいるところで、子ども以上の力強さとパワーで叱る。叱るテーマはとくに特定する必要はない。できるだけ自然なものを考える。

3　その他のときは、新婚時あるいは子どもの幼児期を思い出して、父母の仲の良さをアピールする。非言語でのそれが効果的。

強い父親は母によって構成できる。同様に口やかましいという母親像も、父によって変化可能である。たとえば「あのうるささの裏にお前への大きなやさしさをお母さんはもっているよ」と。

実際にはさらに工夫が必要かもしれないが、多くの場合、この方法を核に父母像は「構成」つまり「つくる」ことができる。

(2) 非言語の語用論・ユーモア

第1章に示した事例を二つ再録しよう。

事例1　いじめていない人に丸をつけて

女子生徒が「みんなが私を無視する」と訴える。そこで、ブリーフセラピーを学んでいるA教諭は、彼女を落ち着かせた後に、彼女のクラスの名簿と赤鉛筆を用意して、「あなたをいじめていない友だちに丸をつけよう」と伝えた。印をつけ始めると、多くは彼女をいじめていないことがわかってきたのか、自分で教室へ戻っていった。

事例5　靴の中にいやがらせの手紙を入れられる中学生

靴の中に「死ね」「臭い」「学校やめろ」云々と手紙が入っている。ときに靴を隠されることもある。

そこで教師の靴箱としばらくの間、交換した。そして元へ戻す――するとこの行動はやみ、他のいじめも起きなくなった。

一九八六年にわが国にブリーフセラピーを最初に紹介した小野直広や筆者らは、これまでの経験から、うまくいく介入は以下の三つの性質をもつことを確認してきた。

「うまくいった介入は、①小さいこと、②相手が受け入れやすいこと、③ちょっとおもしろいことである場合が多い！」

右記の二事例は、この性質を備えた「非言語」による介入である。

第7章

ブリーフセラピーを体感する

――ワークショップ実況中継

以下は筆者が遂行した、初心者を対象としたブリーフセラピーのワークショップの遂語録である。

本文でも強調したが、メッセージの同時多元的なやりとりに注目し、そこへ介入する、この方法について、少しでも実際に近いものを文字にすることで、その一部が示せるのではないかと考えた。これは本書の編集担当者とも相談をしての試みで、五感を広げ、想像力を豊かにして読んでいただくと、ひょっとして本文では不明だったことが、ここではその趣旨を体感もしくは感得といった水準で理解できるのではと期待している。

内容は、ここに掲載した分までに約九〇分の講義を交えたワークをやってきての五回目のそれを文字にしたものである。ここではブリーフセラピーに対してよく受ける質問も出ていて、本文を補うものになるはずである。

転載を許していただいた財団法人　明治安田こころの健康財団には、この場を借りてお礼を申し上げる。

わが国でのブリーフセラピーの展開——

長谷川　日本におけるブリーフセラピーは、一九八六年に私どもが家族心理学会を舞台にスティーブ・ド・シェーザーご夫妻を招聘するところから出発した、と言って過言ではありません。

ブリーフセラピーというのは、ブリーフという名前がついているぐらいで、できるだけ短期で問題を解こうというのが目標です。広い意味で、この開発に関係した人たちにはかなり大物がたくさんいまして、一番の大物というと、グレゴリー・ベイトソンという人類学者です。今では哲学辞典を引いても出てくるぐらいの人です。マーガレット・ミードという人類学者の旦那さんです。マーガレット・ミードの方が有名ですが、実際にはグレゴリー・ベイトソンのサポートがあってミードは良い研究をしたという人もいます。二十世紀の知的巨人のひとりです。この人が、直接にこういうアプローチを始めたわけではないのですが、そのもとになる考えを作り出しました。ひとりで作ったというよりは、チームでやっています。現在もベイトソンらがつくったメンタル・リサーチ・インスティテュート研究所では複数の研究者が引きつづきやっています。そこでは二〇〇二年七月に国際会議があって、私も行って、ディスカッションに加わって、日本ではこういう方向で進んでいるという報告をしてきました。

ブリーフセラピーの特徴はというと、最初に申し上げましたが、いろいろな特徴のつけ方はありますが、私が考えるに、次の二つでいけるだろうと思います。

ひとつは、「原因の除去＝解決」と考えないということです。私たちは対人関係が絡む問題を見たときに、一体何が原因だろうかとつい考えますが、必ずしもその原因を見つけてそれを除去するという考え方——これを「直線的な考え方」と呼んでいますが、この方法に頼る必要は必ずしもないと思います。代わりに直接解決を求めます。どういうことかというと、問題が起きていないとき、あるいは起きていても比較的軽いときはないか、というように考えていくということです。これはブリーフセラピーのひとつの特徴です。問題が起きていないときを考える。だから、原因をさかのぼって考えるということはもってのほかで、それが全くいけないというわけではないのですが、ブリーフセラピーの場合はそういうやり方はしないということです。

もうひとつの特徴は、本人に直接かかわる必要はないということです。例えば、暴力や不登校の子どもに直接かかわるというのは難しいですし、余り効率的ではありません。むしろそれに一番近い人に——大抵の場合は家族ということになりますが、かかわったほうがうまくいくということです。かかわってはいけないというわけではなくて、かかわれるものはかかわっていいのですが、かかわれないときも多い。特に思春期の問題はなかなか本人にかかわれません。暴力を振るっている子にかかわろうとしても、なかなかかかわりにくいのです。やれないことはないと思いますが、時間がかかり過ぎる。ですから、その周りにいる人にかかわっていくというやり方をします。

以上の二点がブリーフセラピーを特徴づけることができるものだろうと思います。ほかにもありますが、二つ挙げればそういうことだと思います。

うまくいった事例があった！

さて今回、最初はこうしたいと思っています。適当にグループになっていただいて……今までの講義を振りかってみて頂きます。私の目をよーく見てください。そして、どんな問題でもいいですからよーく振り返ってみていただいて……、これまで悩んでいた問題がちょっとでも解けた、つまり、少しでもうまくいくようになったという方が、ひとりやふたりはいることが多いんです。私の目を見てくださいね。いるはずです。全部解けている必要はありません。それを各グループで話し合って、ひとつなりふたつなり紹介をして頂きます。それから、当然、質問がおありでしょうから、ご質問をいただきます。各グループで成功事例をひとつ、質問をひとつ出していただこうかと思います。最初はまず成功事例を少し探ってもらって、報告をしていただけないでしょうか。

グループは女性ばかり、男性ばかりというよりも、多少違うほうが出やすいようなので、自分の周りを見渡して四〜七人ぐらいで、男女がいて、年齢にも幅があるというグループを作っていただけませんか。お願いします。お互いに移動し合うなり、顔を見せ合うなりして。

それで、グループができたら、一分程度で簡単に自己紹介してもらえませんか。だれがいるのか分からないと気持ちが悪いので、自己紹介を簡単にやってください。どうぞ。

自己紹介が終わったら、リーダーをひとり決めてください。リーダーが決まったら、話し合いに入る前にグループの名前を決めてください。そしてグループの名前だけ、前の白板に書き出してください。さあ、どうぞ。

グループ名を書いたところは、話し合いに入ってください。少しでもうまくいった事例をグループでひとつ、あるいはふたつ報告してください。

たくさんあった!

〔グループワーク〕

長谷川　それでは、この辺でストップしていただいて、どうでしょうか。私が皆さんのグループを回らせていただいている間に、幾つかのグループでは成功事例が出ているようですね。この時点で紹介していただけませんか。全部で十一グループです。少しでもうまくいったケースを報告してください。

ブリキンやタノキンという名前をつけたグループはどうですか。

――タノキンですが、母親がお子さんと接して、ぐずったときに、ちょっと褒めてみた。どんな視点で褒めたかというと、前の日のことで、子どもが喜ぶことや好きなことを実際に見つけて褒める。すると……褒めることは意外にあることに気づきました。

長谷川　ありがとうございました。

　ほかはどうですか。では、お願いします。

――ラッキーセブンですが、まだ全部は出ていませんが、とりあえずひとつ、少しでもよくなったことということでお話しします。中学校で不登校を扱っている先生ですが、そこでは卒業生をフォローしている。「卒業した後でも、いつでもいいから、何かあったら連絡をくれ」ということになっていて、あるとき、卒業生の母親から連絡がありました。中学時代三年間、引きこもっていたお子さんで、卒業して、アルバイトでケーキ屋に勤めるようになった。つまり、社会の中に出ていったわけです。それで、母親としてもそれを喜んで見ていたのですが、あるとき、その子どもが周りの人からとても責められたことがあって、それでとくに母親が非常に動揺して、何でこうなのだということで私のところに相談に来た。しかし、そのとき、ここで習ったように、母親に昔を思い起こしてもらい、当時と比較してみれば、何てすばらしくなったのだろうと伝えました。そういうことに母親も気づかせるように話をして、それで母親も落ちついていられるようになった、という報告がありました。

長谷川　ありがとうございました。

今のはお分かりになりましたか。引きこもりで、卒業してから、バイトで外へ出ることができるようになった。ところが、お母さんのほうはまだまだ不満で沈んでいるわけですが、カウンセリングに当たった方は、昔と比べれば随分すばらしくなったのではないですか、というところに焦点を当てたということですね。これはもちろんブリーフセラピーのスパッとした解決というところまではいっていませんが、それでも何しろうまくいっている側面に焦点を当てていって、それを支えているものを do more するやり方という意味で報告していただいたわけですね。ありがとうございました。

ほかにありませんか。後ろの方でもあったと思いましたが。ぜひ報告してください。シェアリングです。

――　ウィットです。こちらも途中でしたが、ひとつ、いい例が出ました。相談に来られていたお母さんの話から、お子さんが学校に行かないということで、「どうしたら行けるようになるか」と聞いたところ、お子さんが朝起きられれば学校に行けるということだったので、どうしたら朝早く起きられるようになるかという話になって、話を聞いていると、お母さん自身が午前一時ぐらいまでいつも起きていているということに気がついて、それで、相談員の方が、「それでは、お母さん、寝たふりをしてください」ということで、早めに寝る格好をしてみたら、うまくお子さんも早く寝て、起きて学校に行けたということでした。

長谷川　今のは連鎖を考えてみると、お母さんが深夜まで起きているということがどうも支えているようだから、「早く寝るふりをしてください」と言うと、子どもも寝るようになって、朝早く起きられるようになった、ということですね。

では、そちらの方お願いします。

——ブリキンです。この会が毎週金曜日のブリーフセラピーなので、ブリキンになりました。

中学一年生の不登校の男の子です。大変気分にむらがあって、朝、学校に行きたくないと思うと、頑として行かないという子だったので、お母さんと面談をしました。お母さんに、「彼の調子がいいときはどんなときですか」と聞きましたら、「お父さんに話をしてもらった後は、とても気分がよくなって、気持ちが安定して、翌朝いいようです」という答えが返ってきました。「それでは、毎晩寝る前にお父さんに話をしてもらって、様子を見ましょう」ということにしました。そうしましたら、ここのところ安定して、毎日学校に来られるようになりました。

長谷川　これは非常に典型的ですね。すばらしい。ブリキンという命名もすばらしい。戦後すぐに私たちが住んだ家の屋根はたいがいブリキでした（笑）。ありがとうございます。

このように必ずしもうまくいかなくても、相談を受ける側も、先ほどのように連鎖を追及するということでしたらうまくいきますが、根本原因を追及しようと思うと、もう見えなくなりますので、今みたいに問題を受けたときに、「うまくいっているときはないですか」と聞いてみるというのは、非常に大きな力になると思います。これは元々は、ブリーフセラピーの創始者たちがやった、do different というのをもっと、うまく得る方法はないかと工夫したときに、ミルウォーキーの人たちがやりだした方法です。

後ろの方で「うまくいったね」と言っていたように思いましたが、違いましたか?

――はい、ふたつほど出ましたが、ひとつは、自分の妹さんの子育て中のいらいらの話で、子どもさんに接するときに非常にいらいらしてしまうということで、「いらいらしないときは?」と言ってあげたら、「子どもが学校に行っているとき」と言ったので、「それだと子どもと一緒にいる間にいらいらしないときにならないから、もうちょっと別の」と言ったら、「楽しくしゃべっているときはいらいらは出てこない」ということになって、スポーツクラブに親子で通うようにしたら楽しさを共有できたのでいらいらが随分減った、というお話をいただきました。

もうひとつは、いじめで、それは解決したというよりも、面接が少し明るくなったというだけの話ですが、長い間いじめを受けていた中学校の女の子とお話ししていたら、「すぐ友だちは裏切るし、大人は信用できないし」と、ずっと悲しい訴えを繰り返すので、「別に人は信用しなくてもいいのじゃない」と。フレームを変えるということでお話ししていたら、後半に随分表情が明るくなって、楽しい話をしだしてくれて、「いっぱい話せてよかった」と言って、その面接は終えられたということです。そのふたつが出ました。
長谷川　ありがとうございました。今のはお分かりになりましたでしょうか。ふたつ目のほうは、考えようによってはとてもおもしろいと思います。

ふたつ紹介していただきましたが、ここでは「いいときはないですか」と言うと、うまく例外を言ってくれました。しかし余り操作ができない、こちらが使えない例外が出てくる時もあります。その時は、それは否定しないで、「そうですか」と聞いておいて、「ほかに例外はないですか」と聞くことで例外を出すことができます。

ふたつ目は、do different 介入の例です。「いいことはないですか」ということばかり聞いていると、これ自身が悪循環になることがよくあります。私たちが最初に紹介したこのやり方は、今非常に流布していますが、逆に悪循環になっている例もよく見ます。そういうときはどうするかというと、do different 介入にすればいいわけです。先ほどの事例はその介入のひとつで、前提となっているフレーム自体を変えます。つまり「信用できなくてもいいじゃないか」と切り替えてみると、むしろ乗ってきたということで、これもいいですね。

私は大学のスクールカウンセリングも、長いことやっていましたが、ひとりぽつんとした学生さんが相談全体の何割かを占めます。そういうときには、その人の友だちになってやろうとしてみたり、友だち同士をくっつけようとしてみたりしますが、うまくいく場合もありますが、うまくいかないほうが多いのです。どちらかというと、ひとりでも生きていけるという方向にしたほうが、強迫的でなくなります。それで友だちができる場合もあります。ひとりでもいけるというようにやったほうがいい場合をよく経験しました。

さて、どうしてもこれは言いたい、すごく良かったので言いたい、というのはありませんか。関西弁で言うと、「おまへんか」(笑)。

それでは、今からこういうことをやります。ブリキンというグループはどこでしたかね。ここでしたか。金曜日のブリーフで、ブリキン。タノキンは楽しい金曜日ということですか。

——まあ、そんなもので。あと、名前に「た」のつく人がいっぱいいたので。

長谷川　なるほど。じゃあラッキーセブンさん。これはたばこの名前ですか?。

——七人いましたので。

長谷川　ウィットは?

——ウィットがありませんということで。

長谷川　ウィットがない?　そうは見えません。皆さん、かしこそうですネ。じゃここはタウン。ここはなぜタウン?

——「村」のつく人が多かったので。

長谷川　ああ、何とか「村」がつく人。

――それをひねって。

長谷川　ひねったのね。ビレッジでもよかったのに、タウンにした。セブンスター、これは？

――構成メンバーが七人で、ひとりひとりみんな個性ある、輝く存在ということで。

長谷川　ああ、スターだから。きらきら輝いていると。なるほど。フリーズ。なぜフリーズ？

――最初に話が進まないで……。

長谷川　フリーズした？

――固まってしまったので。

ブリーフセラピーの日本での展開

長谷川　なるほど、それでは、ブリーフセラピーが今後どう進むのかということを、私なりに話すためのことを言います。皆さんに今リーダーを決めてもらいました。自分からリーダーになった方はいらっしゃいますか。「ちょっとやります。私がやってみます」という人。いますか？……ひとりいますね。では、ほかに、何となく圧力でリーダーになったという人……ありがとうございました。

よく見ると、リーダーを決めるときにリーダーシップをとった人がいるでしょう。そういう方を私たちはマネージャーと言っています。どちらかというと、このマネージャーは目立ちません。リーダーのほうが目立ちます。どの集団でも必ずこのリーダーとマネージャーの役割はいるものです。ひとつの集団をうまく動かすには、このマネジメント役をやる人とリーダー役をやる人がうまくやっていることが、ひとつの条件です。

家族もそうです。普通、家族のリーダーというのは父親役です。それで、目立たないけれどもリーダーを支えている役が奥さんで、マネージャー役をやっている。反対もあります。奥さんがリーダーで旦那さんがマネジメント役。またリーダーとマネージャー役は場面によって入れ替わったりしますが、全般的に言えば、一応、父親がリーダーというのは多いです。

関連して、こういうことが重要です。コミュニケーションが成立するためには、ふたつの要素が必要だということです。ひとつは、トピック――内容です。それから、マネージ――やりくりです。

コミュニケーションが成立するためには、このトピック、つまり交わすべき内容、思想、「私はあなたが好きなのよ」と言えば「好き」ということ、「でも、わては、あんたが嫌いやで」と言ったら「嫌い」ということが内容になります。それで、コミュニケーションというのは、その内容だけではなくて、これを「やりくり」する必要があります。ふたりだと比較的やりやすいけれども、それでも同時にはしゃべれません。だから、ふたりの場面でも必ずマネジメント、やりくり部分がある。どうやってやるかというと、人間は「僕はこうなのだけど」と語尾が上がってみたり、まゆ毛がきゅっと上がってみたりするわけです。このような表情や語尾で「次にはあなたが話して」という会話の「やりくり」をしている訳です。

日本語の文法で言うと、最後の「これこれなんだけど」という「けど」というのは助詞、助動詞の付属語と言われますが、これが「やりくり」を担当します。日本語はそういう構造をしているということです。トピックの部分とマネジメントの部分でできています。それを国文法でいうと、自立語と付属語と一般には言います。私たちの立場から見ると、実は付属語こそが重要だということです。

それで、カウンセリングというのは何をやっているかというと、ふだんやっているコミュニケーションのやりくりの仕方を変えてやることです。やりくりの中心には大抵お母さんがいて、息子からの要求もお母さんに一度伝えてから、お父さんに伝えるとか、そうなっていることが多いわけです。家族内でコミュニケーションのやりくりをしているのはお母さんであることが多いものです。で、このやりくりのやり方を変えてやれば解けることが多いということが私たちの発見です。トピック、つまりコミュニケーションの中身は余り関係ないというのが私たちの立場です。日本語で言えば、最後だけ注目していればカウンセリングはできるのではないかと思っています。

私どもは、トピックには余り関係しないでカウンセリングができるはずだというので、名前をつけて「トピック・フリーモデル」とも言っています。これは外国でも発表しています。完成されたものではありませんが、幾つか事例はあります。ブリーフセラピーの背景にはコミュニケーションの理論がありますが、この理論は余り報告がなくて、学会レベルではありますが、一般向けに書いてくれたのは、私たちの仲間が博士論文でまとめたのが本になっている程度です。

ブリーフセラピーは日本に一九八六年に入ってきましたが、私たちがそれを継いでやり始めて今日に至っています。私たちの発見のひとつは、トピックフリー、つまりトピックにはできるだけかかわらないで、マネージの部分だけでセラピーができないかということです。マネジメントつまり、やりくりというのは、ふたりの場合には大抵、付属語や非言語でやります。「これこれなんですけど」と言うと同時に、表情が、目がくるっと上がってみたり、口元が下がってみたりします。そういう非言語の部分がやりくりを支えることが多いので、そのことをシンボリックに言って、家庭内暴力も適当なところでお父さんがぱちんと指を鳴らしたら止まる、ということはあり得るのではないかということが目標です。「指パッチンで暴力は軽減する」と。そういうところに向けて基礎的な実験等をやっているというのが、今の私たちの現状です。

今日の講義の題、「ブリーフセラピーの今後と展開」はそういうことです。今後のブリーフセラピーの方向ということで、ひとつだけ申し上げました。

必ず集団の中にはマネジメント役がいます。ふたりの場合には、どっちがどっちではなくて、それぞれの言葉の端々に出てきます。「今度はあなたの番よ」というのは、多少間をあけてみたり表情、語尾変化などで、やりくりをしているわけです。問題を抱えた家族の中でも、やりくりのパターンというのは大抵決まっています。これを変えてやれば解けることが多いわけです。

ブリーフセラピーというのは、私たちが紹介して今現在、大流行していますが、残念ながら理論的な深さの部分では流行していません。何かミラクル・クエスチョニングがあって、何があってと、小手先のテクニックや表層だけで、それが、イコール、ブリーフといったところがあって、背景にある部分がなかなか通じていません。昔、ロジャースが入って、ともすると浸透しないまま去っていったようにならないかということを、危惧したりしています。

私自身はロジャースが来たときに、ロジャースの最後の一週間泊まり込みのワークショップで非常に感銘を受けました。ロジャースの方法というのはブリーフセラピーではないかという論文を書いたことがあります。彼はパラドックスを使っています。私はロジャース博士本人に直接、聞きましたが、ロジャースのアプローチというのは、実は問題を抱えている人に向かって、「解かなくてもいい」と言っているわけです。これは大きくいえばパラドックスです。それを認めればいい。受容すればいい。解く必要はない。そうではないかと直接聞いたことがあり、彼は否定はしませんでした。ロジャース博士と二回食事をさせていただきましたが、博士のすぐ隣で博士の耳の中がのぞけました（笑）。参加者の中では、まだ若かった私を「長谷川さん、いらっしゃい」とロジャースの研究者として著名な柘植先生が招いてくださいました。
それでは、少し質問をお受けします。各グループでひとつ、これまでの講義で何か質問はありませんか。

ブリーフ・セラピーへの質問と回答

〔グループ討議〕

長谷川　どこのグループからでもどうぞ。質問をください。
いかがでしょうか。では、お願いします。ブリキンから。皆さん、質問をお聞きください。

―― ふたつの質問があります。ひとつは、不平不満ばかり言われて、一体何が悩みなのか、何が問題なのか、自分で分かっていなくて、ひたすらそういう不平不満を言われるパターンと、もうひとつは、例えば、壁に何かぶつけてみたり、そういう怒りは出るけれども、言葉としてこちらが引き出せない。何が問題なのか、言語として引き出せない場合、それぞれ、どのようにブリーフで介入したらよいのでしょうか？

長谷川　ブリーフセラピーを実質作った人というのはだれかというと、これは知っている者の間では有名ですが、先年亡くなったジョン・ウィークランドという人だと言われています。エリクソンという催眠家がいましたが、彼にはたくさん事例はあります。しかし、残念ながらブリーフセラピーというふうに何か一貫したものはありません。それを彼に学びながら作り上げていったのが、ジョン・ウィークランドらです。

ジョン・ウィークランドの本の中にこういうのがあります。テクニックとしてふたつ、ひとつは思うような反応を得られないときに、一生懸命聞こうとするよりは、こちらが「分からない」ということでギブアップしてしまうと、向こうがまとめてしゃべりだしてくれるということがよくあります。「分からない」と言ってしまう。「非力で分かりません」と言うと、向こうが言ってくれる。つまり、「私は一生懸命言葉にしていただこうと努力はしているのですが、どうも私の非力でできません」と言うと、しゃべりだしてくれることがあるのです。

もうひとつは、しゃべらない人にはしゃべってもらわなくていい、だれかにしゃべってもらえばいいのです。家族が来ている場合だと、「すみません。今何を言いたいと思っていますか」と聞きます。それは時と場合ですが、「余りしゃべる気がないようですし、しゃべることがおっくうなようですけど」――傷つけないような言い方をして――「どんなふうに言いたいのだと思いますか」というように話していると、本人がしゃべりだすということがあります。だめだと思ったら、余りその人にこだわらないで、その周りの人に間接的にやっていくというやり方です。

それから、インスー・キム・バークが、その辺を体系的にまとめており、彼女はクライアントを三種類に分けています。「やる気のある人」、「連れて来られた人」、「不平ばかり言っている人」です。面接に来たときに課題を出したりするのは、やる気のある人だけです。あとのふたつは、基本は何しろどこでもいいから褒めて帰すだけということです。「良かったら次回も一緒に来てください」と言うと、次回には、しゃべりだす。

だから、一言で言えば、だれと面接するか、だれから情報を引き出すかということは戦略的に決めるということです。何もその人に直接かかわる必要はないということです。無理やりかかわろうとしても無駄です。疲れます。やっと引き出したのが全然違ったりします。不登校の子に「行く？ 何で行かないの」と言ったら、何となくそれらしい原因を言い出したので、「そう。それじゃあ、今度は行けそうだね」と言って、じっと待っていても行けなくて、「あのときの約束、破ったね」と言ったら、「いや、そんなんじゃない」と泣き出したり、「先生は私のことを信用してくれない」と言ったり、話がどんどんややこしくなる。そういうとき、その子に余りかかわるというのはやめたほうがいい。周りにかかわったほうがいい。それで答えになっているでしょうか。

ほかにどうでしょうか。

―― 今のお話と似ているかもしれませんが、不登校のケースです。中学二年生の子で、昨年から不登校気味でしたが、私が受け持ってからも一日も出て来ていません。それで、母親、あるいは父親とはときどき会って、近況をいろいろ聞いたり、話はしてきました。ただ、今まで登校してませんので、このままずるずるいってしまいそうな気もしましたし、私が担任になって一回も顔を見ていないというのも何か不安で、先日お宅を訪ねました。そのとき、あらかじめ子どもに言うと、部屋にこもったりしてしまうといけないと思いまして、子どもには何の連絡もせず、母親にだけ連絡して行きました。そうしたら、居間でリラックスして、ワンちゃんをだっこして、パソコンに向かってゲームをしていました。初めは「久しぶりだ」というようなあいさつと、「犬の名前は何ていうの？　幾つ？」というようなことで、多少反応は返りましたが、その後はだんだん下を向いてきて、顔や肩のあたりが硬直してくるような感じがしましたので、そこから話が進まなくなり、母親とは少し話して、それで失礼しました。またもう一回訪ねてみようかなと思います。

それで、先生のお話では、直接かかわっても効果は少ないかもしれないと言われますが、私は、逆に何もやらないと変わらないのではないか、と。だから、登校するように、何か刺激をしてみようかなと思います。ただ、そのときに、逆説的な話し方か、あるいは何かユーモアをもった話し方か、二回目に行ったときに、今まで以上に緊張するかもしれませんし、どういう反応があるか分かりませんが、会話が進まなくなったようなときに、具体的にどんなアプローチをしたらいいのかをお聞きできればと思います。

それから、一般的にいって、接点のない子、今までほとんど会わなかったような子にアプローチするときに、どんな仕方があるのだろうか、ということをお尋ねしたいと思います。

長谷川　質問はお分かりになったでしょうか。

まず、不登校に関して、直接学校の担任の先生が行って子どもを引き出して来ようというのは、私の経験では成功率はまず少ないと思ったほうがいいと思います。要求水準を下げてアプローチするのがちょうどいいと思います。

それで、私たちが比較的よくやっているのは、意外に不登校の子は、勉強の遅れを心配することが多いので、勉強の道具を持って行くということが多いのです。そんなものを持って行ったら、むしろ刺激になるのではないかと思って、持って行かないことが多いのですが、このごろよくやっているのは、明らかに解けそうなやさしい問題を持って行って、そして自信をつけさせるということをやることが多いですね。これは余りブリーフのやり方ではありませんが、勉強が遅れているというのは、要因のひとつになっていることは多くて、そこのところを解いてやることと他の介入の何かをセットにして送り出すということは幾つか成功事例をもっています。

あと、接点のない人、接点がなくて避ける人には、あらかじめ接点のある人を使うというのがやり方です。クラスの中で教師が行くと逃げてしまう子には、その子と比較的仲のいい子に接することで、自然にこっちを向いてくるということはあります。

それから、書き言葉とか、言葉を変えるというのもひとつです。おしゃべりではなくて、書き言葉にしてみる。例えば、手紙です。亡くなった小野直広先生が工夫した方法で、あちこちでやって非常に効果が上がっているという報告があります。「黒字ノート法」と言います。何かというと、不登校だけれども、たまに、保健室ぐらいには来る子に対して、応用できるかもしれないと思って申し上げますが、お母さんと担任の先生との間で手紙をやり取りします。何を書くかというと、「黒字」のこと、つまり良いことだけ書くわけです。保健室での状況、学校での状況のうちいいことだけを書きます。お母さんにはうちの中での子どもについて、いいことだけ書いてもらいます。それを子どもに運ばせます。ノートの封はしません。子どもは、何を書かれているのか、心配になるわけです。ところが、開けてみると、いいことしか書いていないわけです。それで、登校への大きなきっかけになるというのがあります。

ポイントは、書き言葉であるということです。それから、黒字であるということ。do differentです。今まで言葉だけでやっていたとすると、書き言葉にしてみる。

では、こちらのグループを。

――私たちのグループは素朴な質問で、起きている現象を解決しても、根本的な問題に触れないということでは、やはりまた二、三年でぶり返すのではないか。先生のお話をお伺いしていると、何か全部うまくいったように聞こえてきますが、うまくいかないということもあるのでしょうか。

長谷川　ブリーフセラピーに対しては、その質問は割によくある質問です。そのときにちょっとラディカルに考えると、逆に言うと、根本的な解決とは何かということです。

それで、「根本的」というときに思うのは、「根本的な解決」というときに、ちょっと探っていくと大抵共通にあるのは、心から改める、心から悔やみ改心する、分かるというのが根本的な解決だと考えている方が多いわけです。例えば、非行少年や非行少女の例で挙げると、高校生の女の子で非行をやっている。うちに帰ってこない。どこかの男と付き合っている。幾つか問題を起こしている。この少女の根本的な解決というのは、自分の非行を悔い改めて、やめるということだというわけです。しかし私たちはそうは考えません。この非行少女を取り囲む夫婦関係を、具体的に調整します。どちらが根本的な解決でしょうか？　子どもは両親の関係に思い悩むものです。そんなとき、その両親の関係をダイレクトに援助するのです。私たちはこちらのほうが根本的だと思っています。心からこの子が悔い改めるよりも――それは改めてくれるにこしたことはありませんが、むしろ夫婦関係を調整するほうがずっと根本的だと思っています。

これで答えになっていますか。この辺はかなりおもしろい問題を含んでいるから、考えだすときりがないのですが。

――例えば、不登校の子どもの問題で、ブリーフセラピーで夫婦仲を扱いますね。ところが、そこの問題がそれほどうまくいかなくても、不登校自体が解消する場合があります。そうすると、ご夫婦はもう自分たちのところは見たくない。それで、「もうよくなりましたから、ありがとうございました」と言って逃げていってしまう。そういうことも結構多いのではないかと思いますが、そのことです。

長谷川　そうですか。ブリーフセラピーの最初は、「どうなりたいですか」という治療目標を決めると言いました。そこがなんとかなったらそれで解決と考えるわけです。これがブリーフセラピーの全体の構成です。それ以上のことには絶対に突っ込みません。最初に「どうなりたいですか」ということを決めておいて……。要するに、これはブリーフセラピーに限らず、カウンセリングというものの基本的な出発点です。カウンセリングは、それぞれの家庭、個人というのは独特の人生ですから、余計なことには突っ込みません。

――そうしますと、積み残しの課題ということで終わり、ということで考えればよろしいわけですね。

長谷川　積み残しの課題と言っていいのかどうか……。どうでしょうか。

――根本的というところまではいかなかったけれども、契約としては、不登校としては一応解決した。そうすると、そこでピリオドと。

長谷川　ピリオドです。

そして、それでもセラピスト、カウンセラーが気になり、夜も眠れないようなら（笑）、「お子さんの問題はよくなりました。でも、ご夫婦の問題はちょっと残っているような気がするのですけど、やってみませんか」と続ければいいわけです。

―― それをやってくれなかったら。

長谷川　それは向こうというかクライアント家族まかせです。これはカウンセリングの大前提です。カウンセリングというのは、絶対にセラピスト側の問題を持ち込まない。この辺は家族療法でよく出てきます。つまり、ある家族は「神はいる」と言っているけれども、私たちから見ると、「神なんかおるかいな」と、思っているカウンセラーのほうが多いと思います。その辺のところにもかかわっていきます。反対に、夫婦を何とかするという目標ならば徹底して夫婦関係にとり組みます。虐待の問題では、ＩＰは、子どもではありません。親の側です。そこでは徹底して、両親と夫婦関係に焦点をあてます。

―― ありがとうございました。

長谷川　では次の質問の方どうぞ。

―― 今のと同じ質問ですが、例えば、トラウマとか、怒りとか、そういうものがブリーフセラピーで解決できるのか、それともそういうものは対象にしないのかというのが、ちょっと分からなかったのですが。どうでしょうか。

長谷川　それは対象になります。ただ、ブリーフセラピーの勉強し始めに、トラウマの人にブリーフセラピーでの勉強を当てはめたとしたら、初級の人が難しい上級の問題を練習問題として、わざわざ解いているというようなものになるとは思います。ただ、私たちが翻訳して紹介しているものにも、ブリーフセラピーでトラウマのケースはいっぱいあります。

――もうひとつの怒りですが、そういうものを持っている方々の解消も十分対象にされる？

長谷川　ケースはたくさんあります。ただ、今申し上げましたように、ブリーフセラピーが最も得意としているとは思いません。

――先生のケースの中で、解決できなかったケースが今までにあったかどうか。

長谷川　あります。拒食で、はっきり悪循環が見えて、介入もいけるはずなのに、残念ですが死なせてしまったというケースがあります。拒食は体との戦いです。体のほうが衰弱していきますから。衰弱が先か、こちらの介入が先かというので、死なしてしまったことはあります。ブリーフセラピーが決して全部ではないですから、当然あります。

今のご質問でいうと、ブリーフセラピーを勉強するのに一番いいのは、acting out したような行動です。内側に沈んだものではなくて、暴力を振るうとかそういうものはブリーフセラピーが割にやりやすいのです。効果がはっきり分かることが多いです。

では、最後に私のほうで用意してきたものを述べさせていただきます。

ブリーフセラピーの背景にある構成主義――

長谷川　今日私がお話ししようと思ったのは、コンストラクティビズム、あるいはコンストラクショニズムと言われるもので、これはブリーフセラピーから出てきたものです。もともとの主唱者はポール・ワッラウイックという人が言い出しました。

まとめということで、これを出したいと思いますが、構成主義というのがブリーフセラピーの背景にあります。背景にあるというよりは、こういう治療方法を繰り返すことで自然に生まれてくる一種の思想みたいなものです。コンストラクティビズム、あるいはコンストラクショニズムと言っています。ポイントは、真理は幾つもあるということです。これだけが唯一正しいということはないということです。だから、同じように言うと、ブリーフセラピーだけが一番正しいということはないということです。それから、真理はつくられるものであるとも言います。つまり、そのコミュニティーの中で正しいとされるものが正しいわけです。

たとえば「正しい日本語」と言って文部科学省は一応制定しますが、あれが別に必ずしも唯一正しいものではないわけです。私は出身が大阪ですが、こっちの言葉で「気持ちが悪い」というのを、関西では「気色悪い」と言います。それが私は正しい大阪弁だと思っていますが、このごろは違います。若い人は今「きしょい」と言うわけです。それで正しいわけです。通じているから。「きしょい」が正しくないとは言えないわけです。

つまり、科学にしても、真理だというものも、その時代、その時代のベストの仮説です。科学の歴史を見てみると、そうです。いつも破られますから。ニュートン力学をアインシュタインが破り、アインシュタインの理論をまただれかが破りというのが科学の「正しい」歴史です。ベストの解決、できるだけ適用範囲の広い仮説が科学的真理ということになります。だから、決してひとつではないということです。

このことが、なぜブリーフなりファミリーから出てきたかというと、その家族、その家族によって真理とされるものが全然違うわけです。宗教的な地域へ行けば、明らかに神は存在するし、私たちみたいに日本でいれば絶対の一神というのは普通は存在しないわけですから。そこを尊重して接しないと、カウンセリングそのものが成功しないということです。それから、真理というのは作られるものであるということです。

同じように、幸福とは何かというと、幾つもあるということです。唯一絶対これだけが幸福だというのはないということです。私たちは唯一絶対これだというものを求めて、例えば、宗教、新宗教に走る――走るというか、そういうこともあったと思います。しかし、この十年ほどの日本の歴史の中で、もろくも崩れ去っていったという感じではないでしょうか。

知っていますか。私は最近あるもので読みましたが、サイババというインドの人が以前ブームになりましたが、あれはトリックだった。今までは分からなかった。ところが、彼が年老いてきたものだから、今は彼のトリックがぼろぼろ見えるそうです。彼はマジシャンの家系に生まれているそうで。おじさんか誰かがずっと育てていて。若いころは大統領もだまされるぐらい分からなかった。ところが、今は年老いて、ぽろぽろ目立つそうです。マジックの種を落としたりする。灰みたいなのが出てくるわけですが、それは弟子たちに固めて作らせるそうです。

私は宗教を否定しているのではありません。サイババについての、最近のある情報を言っているだけです。

つまり、唯一絶対のそれはないということを言いたいということです。唯一絶対のそれを求めるとすると、それが宗教です。宗教はそこを保証してくれます。これが正しいのだと言ってくれるのが宗教です。だから、否定されると困るから、どんどん組織を大きくせざるを得ない。つまり、真理はそのコミュニティーで作られるわけですから、大きければ大きいほどそれが真理ですから、大きくせざるを得ない。すると、また逆に反対する人も出てきて、いずれは末路をたどるということなのではないでしょうか。

それで、ブリーフセラピーにはこういう考え方があります。幸せというのは、小さなものでしかないのではないかというのがあります。これはワツラウイックの本で私が翻訳しましたが、英語は『Pursuit of unhappiness（不幸の追求）』という本です。不幸になるにはどうしたらいいかという本です。邦訳の題は「先生、これでは売れませんから」と出版社の方がいうので翻訳版のタイトルは変えました。『希望の心理学』という本で、法政大学出版会から出ています。

その中で言われているのは、幸福というのは小さなものしかないのではないか、と言っているわけです。どうしてかというと、例えば、私もこの間ある映画を見ていて思いましたが、アメリカの裕福な家庭で、お父さんに愛された娘の一生を追いかけていましたが、昔の映画ですから、その一生にはそれを支える奴隷がいて、ということがあります。そう考えていくと、結局、幸福というのは、絶対ということはないのではないかということです。ウィークランドの悪循環の図でもそうですが、世界はつながっていると考えたときに、日本がこれだけ幸福を謳歌している間に、アフリカではものすごい数で子どもたちが今でも死んでいます。そう考えると、幸福というのは非常に限定されたものでしかないのではないかという考えも生まれてきます。

なぜ生きるのか？

こんなことを言うと、何となくシュンとしてしまいますが、シュンとしないために最後にもうひとつブリーフセラピーの考え方をお話ししましょう。それは、ユーモアと生きるということ。

実はブリーフセラピーの先駆者はビクトル・フランクルという人です。ビクトル・フランクルが、パラドキシカル・インテンションと言ったのがひとつの契機になっています。彼はユダヤ人で、『夜と霧』の著者で、アウシュビッツ収容所から、戦後、生き延びて帰ってきて、そのときに分かったことですが、彼らはキャンプの中で一日に一回は笑おうということで生きてきたのです。笑い合うことが、生き延びる道具になると彼は言ったのです。つまり、ユーモアは極限状況にちょっとした隙間をあけることができると言ったのです。

彼は戦後ウィーンで開業します。そこに高齢の人がやって来た。depression、すごいうつです。なぜうつかというと、最愛の奥さんが亡くなって以来、うつです、自分も死にたい。奥さんに先立たれると、最愛でなくても男はうつになることが多いのです（笑）。そこで、うつの彼に向かって、フランクルはユーモアまじりにこう聞いたわけです。「私はあなたの気持ちが分かります。ところで、こう考えてくれませんか。もしもあなたが奥さんより先に死んだら、どうでしたか」と。クライアントの眼に一条の光が差し込んだように見えたと記してあります。つまり、「あ、そうだ。もしも私が先に死んだら、あいつはもっと苦しんだ。なぜなら余り社交がうまくなかった。私も下手だけど、私のほうがまだましだ」と。「そうですか。あなたはその奥さんの苦しみも背負って生きなければならないのですよ」と結んだわけです。

これがリフレーミングという技法の始まりになります。つまり、問題そのものは解けなくても、新しい意味を見つけることができれば耐えていくことができる。そういうことがブリーフセラピーのひとつの出発点です。出発というか、その先駆になります。彼はパラドキシカル・インテンションということを言い、それはブリーフセラピーには大きく受け継がれることになります。

本日はありがとうございました。まだご質問があると思いますし、最初に紙に書いてもらった質問には答えていません。時間のある方は割り勘で近くの飲み屋へご一緒に行きたいと思います（笑）。

それでは、お互いに感謝する意味で、わっと拍手をして終わりたいと思います。威勢よく（拍手）。

終章　ソリューション・バンクの危機とその解決──

さて、いかがだったでしょうか?

私たちの実践は、家族システムでの実践からはじまって、さらに大きな地域のシステムを相手にするところまできた。序章にも書いたが、ソリューション・バンクのきっかけになった放送局での試み、その当時を振り返ると、それは、子どもたちの自死の連鎖をなんとか阻止できないかという切迫した問題に直面して、不成功に終わるかもしれないという不安の中でやってしまった、いわば社会心理学的な実験という面は否定できない。家族というシステムではうまくいくことがわかっていたが、こんな大きなシステムでうまくいくのかどうか、仮に電話やファクスがあっても、「私もいじめにあいました! こんなにひどかったです」等と問題だけが指摘されるのではないかと、当日まで不安がつきまとうなかでの放送だった。

序章にも示したが、結果はうまくいった。二五〇件弱の電話・ファクスのうち、一割が解決事例であった。この「一割」つまり一〇%という数字が重要な事実であり実験の成果である。

ところで、この私たちの活動「ソリューション・バンク」が危機に陥ったことがあった。このコーナーをやめろ、というファクスが新聞社宛に寄せられるようになったことがあったのだ。最初は、やや辛い批評のひとつと思っていたが、続いて数名の連名で「即刻やめなさい」といった口調のファクスが届くようになった。それから、地域で私が招かれる講演会の感想アンケートにも、筆者だけを狙うかのような悪意ともとれるアンケートがみられることが集中して続くことがあった。

担当の記者の方に相談すると、「先生、不登校に言及すると、何を言っても反論はきます」と、いわば無視の姿勢でいくことを教育担当の記者としての経験から、本当にこころから善意ですすめてくれた。が、ある日「このような記事は迷惑です。家には子どもがふたりとも不登校で長年悩んでおります。臨床心理士の先生も入って勉強をしており、学校教育こそが問題とかんがえております」といった内容のファクスまで届いた。

さて、これは本当につらかった。なぜなら私たちとしては、なんとか子どもの自死を食い止める方法がないかとして工夫してきたものが、反対に思いもよらない形で批判をされる、それも臨床心理の専門家、つまり筆者と同業の方が入ってなのだから。

解決しようとしたことが反対に問題を生んでいるのである。さて　読者の皆さんならどう対処されるだろうか？

初心に返るという解決——システム内で振り返っておく

解決は意外に単純だった。まず、私たちのそもそもの初心、つまりソリューション・バンク立ち上げの精神をふたたび知ってもらおうということにしたのである。とにかくやってみようと。そこで、ソリューション・バンクを掲載している新聞社に、その紙面をお願いし、つくってもらった。

私たちとしては、とりあえずの試みだったが、結果的には、この記事が効を奏した。抗議のファクスも嫌がらせもが止んだのである。「ぴたりとやむ」という表現が文字通りぴったりな結果だった。以下が掲載記事の大略である。

解決事例の掲載は画期的なアイデアだった。普通ならば問題の根本原因を探るのに時間を奪われる。その間にも被害者が追い詰められる、「僕が死ねばいじめっ子も教師も目が覚めるだろう」と、後ろ向きの思考を実行してしまうかもしれなかった。

いじめの問題から出発したソリューション・バンクもその問題が峠を越えると、今度は不登校がクローズアップされてきた。そして、ソリューション・バンクで掲載される解決事例に対して、読者からは「自分のために学校へ行けというのが本筋ではないか」「そんなにうまくいくの」といった疑問が寄せられるようにもなった。

しかし「自分のために行け」というのは、子どもにとって窒息的愛情ともなる、自発は押し付けるものではない。それが子どもにとって重い負担になる場合がある。これを専門用語で〝自発性パラドクス〟と呼ぶ。子どもの自発性で再登校する場合もあれば、きびしく突き放すことで登校に至ったケースもある。前者を母親的、後者を父親的というなら、両者の連携のしかたが大切なんである。ソリューション・バンクに集まったたくさんの事例は、この連携の成功例といってよいと思う。

抗議は、この記事でぴたりと止んだ。拍子抜けしたくらいである。後にあるフリースクールのグループの中に「私たちのほうが間違っていた」という方たちがいると聞いたと知らせてくれた人もいた。私たちは、ほっと胸をなでおろしたものである。

さて、この私たちが体験した問題の解決事例を、検討しておきたい。一言で言うと、

健康なシステムは「初心」を振り返る過程をもつ

である。つまり、

一、長く続いているものは時に当該のシステム内で、初心を振り返っておく必要がある。
二、そうでないと、せっかくの誠意ある解決努力が仇になる場合がある。
三、このケースの場合も読者の誤解というよりも、そもそも初心が「情報」として伝わっていなかっただけともいえる。
四、さらに、どんな解決も永久ということはないのだとも理解したい。それが短期療法の哲学でもあったはず。

と、いうことになる。永久に効く解決策はない、それは永久の問題がないのと同じである。ここで、四の「どんな解決も永久ということはないのだとも理解したい、それが短期療法の哲学でもあったはず」について付言をしておきたい。

だからといって深刻になる必要はないということである。つまり、「それは永久の問題がないのと同じである」ということである。

「歴史は繰り返す」とよく言われる。そのひとつの理由はこのことではないか？　つまり健康なシステムは自ずと初心を繰り返す。ほんの一〇年ほど前にはわが国の伝統文化、たとえば歌舞伎、能、狂言、講談、また日本映画でさえ、若者は振り向かなかった。それに危機を感じた世代が声を大にしてその危機を訴えた。それで現在は、伝統芸能にも若者が帰ってきた。同じころ、落語だけは流行っていた。しかし今や危機状態にある。そこで昨今は、中堅どころの落語家が声を大にしている姿が目につくようになったと感じるのは、同好の士なら同感ではないか。これは健康なシステムの自然な姿なのである。

歴史は繰り返すようにも見える、それが健康なシステムの姿である

この終章で、ここまでに述べさせていただいたことのひとつは、「歴史は繰り返すようにも見える、それが健康なシステムの姿である」ということである。私たちの場合には、上記のように問題の解決にあたり「初心」つまりソリューション・バンクのそもそもの始まりをあらためて述べる、いや「述べさせられる」ことで、活動の次の段階に入った、いや「入らされた」ように感じる。たぶん、歴史というものはそのようにして繰り返すのであろうとも感じる。しかしよく目をこらして見ると、決して繰り返してはいない、つまり散逸構造のシステム論者イリア・プリゴジンのいう「時間の矢」が否定できないように見てとれる。私たちの立場では「例外」をテコとした「時間的な展開」があるものである。「繰り返すように見えて進歩がある」という歴史の実

感を「らせん」にたとえる歴史家も多くいる。

家族療法家でプリゴジンの理論に従うのはM・エルカイムである。彼の理論は私たちが編集した『現代のエスプリ二八七号「構成主義」』（至文堂）に若干が紹介されているが、もっと全体的な紹介があってもいいと思う。彼はヨーロッパ出身で、筆者らと同じようにP・ワツラウイックを慕い、また筆者らと似た「リシプロカル・バインド」という概念を提案している。筆者は「相互拘束」といっているが、彼のそれを訳せば「回帰する拘束」ということになろうか。

引用・参考文献

G・ベイトソン著　佐藤良明訳『精神の生態学』新思索社、二〇〇〇
I・キム・バーグ、Y・ドラン著　長谷川啓三監訳『解決の物語——希望がふくらむ臨床事例集』金剛出版、二〇〇三
A・エリス「論理療法の現在」日本カウンセリング学会第三一回大会記念講演　東北大学、一九九八
R・フィッシュ、K・シュランガー著　長谷川啓三監訳『難事例のブリーフセラピー——MRIのミニマルシンキング』金子書房、二〇〇一
W・フォーサイス著　松澤慶信監修『ダンス・スクール』慶應義塾大学出版会、二〇〇〇
長谷川啓三編『構成主義』(現代のエスプリ二八七) 至文堂、一九九一
長谷川啓三『家族内パラドックス——逆説と構成主義』(第六版) 彩古書房、二〇〇一
長谷川啓三・若島孔文編著『事例で学ぶ　家族療法・短期療法・物語療法』金子書房、二〇〇二
長谷川啓三編『臨床の語用論I』(現代のエスプリ四五四) 至文堂、二〇〇五
長谷川啓三編『臨床の語用論II』(現代のエスプリ四五六) 至文堂、二〇〇五
生田倫子「パロアルトの思い出」ITCインターネットジャーナル「Under Construction」http://www.solution.gr.jp/unco.html　二〇〇〇
河北新報火曜日朝刊掲載「教育 Solution Bank」三月二七日、四月三日版（事例は斉藤晶子氏らによ

る）
亀口憲治『現代家族への臨床的接近』ミネルヴァ書房、一九九七
亀口憲治「円環的認識論」日本家族心理学会監修『家族心理学事典』金子書房、一九九九
児玉真澄・牛田洋一「事例／ケース・弟に暴力をふるう兄をもつ家族」岡堂哲雄編『家族心理学入門』（補訂版）培風館、一九九九
中尾桂樹・若島孔文「電話相談における短期療法的介入の有効性」日本カウンセリング学会第三〇回大会論文集、一九九七
日本語臨床研究会　平成一二年度九州大会抄録集
小野直広『こころの相談』日総研出版、一九九五
小野直広『１０７錠のこころの即効薬』日総研出版、一九九八
小崎武・長谷川啓三「小児心身症に対する短期療法10年間のまとめ」『心身医学』四〇、一四三頁、二〇〇〇
サトウタツヤ「発達研究のフィールドは、今」『児童心理』二〇〇二年四月号、一一七―一二三頁、金子書房
S・ド・シェーザー著　長谷川啓三監訳『解決志向の言語学』法政大学出版局、二〇〇〇
若島孔文・長谷川啓三『よくわかる！　短期療法ガイドブック』金剛出版、二〇〇〇
P・ワツラウイック、R・フィッシュ、J・ウイークランド著　長谷川啓三訳『変化の原理』法政大学出版局、一九九二

あとがき

本書は私たちが一九九七年ごろから始めて現在も続けている社会的な活動、「ソリューション・バンク」に寄せられた事例をまとめた最初のものである。本書には、筆者自身がもともとソリューション・バンクに出したものが多い。現在の活動では筆者以外に多くの事例提出者がいる。一九九七年以降、「河北新報」にて、毎週火曜日に掲載されている事例の数は相当数にのぼる。まずは最初のまとめを出させていただいた。

本書の企画はもうかなり前になる。当時、編集担当で今は出版企画部長の真下清さんがすすめてくださった。そして当時、若き加藤浩平氏をご担当としてくださった。加藤さんは故・小野直広と筆者が東京、御茶ノ水で開催してきた「短期療法を学ぶ会」にも参加されながら編集をすすめてくださった。また、それらのやりとりの中で、氏が大学の落語研究会のご出身であることがわかり、それからは筆者はますます気持ちよく仕事ができるようになった。筆者の下手なジョークにもよくつきあってくださった。

お待たせしました！　本書を、まずソリューション・バンクの活動を筆者と一緒に始め、暖かく支えてくださった小野直広先生のご霊前にささげます。

また日ごろソリューション・バンクでご協力をいただいている皆さん、そして今回もお世話になった金子書房の編集の方々に心よりお礼を申し上げます。

二〇〇五年七月

長谷川啓三

【初出一覧】

本書は以下に発表されたものに加筆・修正をし、再構成したものです。

序章・第1章〜第6章　「家族のもんだい　解決銀行――ブリーフセラピーの実践」『児童心理』連載（二〇〇一年一月号〜二〇〇二年十二月号）、金子書房

第7章　「ブリーフセラピーの今後と展開」『ブリーフセラピーの新しい流れ』（一一九〜一四〇頁）財団法人　明治安田こころの健康財団、二〇〇三

終章　書き下ろし

■著者紹介

長谷川啓三（はせがわ・けいぞう）

1951年，大阪生まれ。東北大学大学院博士課程修了，教育学博士（心理学），臨床心理士，家族心理士。現在，東北大学大学院教授（臨床心理学），日本家族心理学会常任理事，Mental Research Institute 日本代表，日本システム看護学会理事，宮城県臨床心理士会会長のほかに，短期療法を学ぶ会講師，日本笑い学会みちのく支部会員など。著訳書に『臨床の語用論Ⅰ・Ⅱ』（至文堂），『事例で学ぶ家族療法・短期療法・物語療法』（金子書房）『解決志向の看護管理』（医学書院），『難事例のブリーフセラピー』（金子書房）『変化の原理』『希望の心理学』『解決志向の言語学』（ともに法政大学出版局）『短期療法の展開』（誠信書房）など。

ソリューションバンク　ブリーフセラピーの哲学と新展開

2005年7月25日　初版第1刷発行　　検印省略
2008年2月20日　初版第4刷発行

著　者　長谷川啓三
発行者　保坂健治
発行所　株式会社 金子書房

〒112-0012　東京都文京区大塚3-3-7
電　話　03(3941)0111〔代〕
ＦＡＸ　03(3941)0163
振　替　00180-9-103376
URL http://www.kanekoshobo.co.jp

印刷・製本　凸版印刷株式会社

C3011

Printed in Japan

ソリューション・バンク
ブリーフセラピーの哲学と新展開（オンデマンド版）

Digital Publishing

2022年5月20日発行

著　者　　長谷川啓三
発行者　　金子　紀子
発行所　　株式会社 金子書房
〒112-0012　東京都文京区大塚3-3-7
TEL　03(3941)0111　FAX　03(3941)0163
URL　https://www.kanekoshobo.co.jp/

印刷・製本　　株式会社 デジタルパブリッシングサービス
URL　https://d-pub.sakura.ne.jp/

AL171

ISBN978-4-7608-8071-3　Printed in Japan